Zeichnen aus dem Unbewußten
als anamnestische, diagnostische,
therapeutische und pädagogische Methode

Zeichnen aus dem Unbewußten

als anamnestische, diagnostische,
therapeutische und pädagogische Methode

von

Eva Grätz

Mit einem Vorwort von
Professor Dr. med. Eckart Wiesenhütter

Mit zahlreichen, zum Teil mehrfarbigen
Abbildungen

HIPPOKRATES VERLAG

Autorin: Eva Grätz, Würzburg
Psychotherapeutin – Lehranalytikerin

CIP-Kurztitelaufnahme der Deutschen Bibliothek

Grätz, Eva
Zeichnen aus dem Unbewußten als anamnestische, diagnostische, therapeutische und pädagogische
Methode. – 1. Aufl. – Stuttgart : Hippokrates-Verlag, 1978.
   ISBN 3-7773-0438-7

ISBN 3-7773-0438-7

Inhaltsverzeichnis

Vorwort von Eckart Wiesenhütter 7

I. Reizwortversuch 11
1. Einleitung 11
2. Zur zeichnerischen Aussage 13
3. Gegenstandsfreie Linie oder Form 18
4. Reizwortwahl 20
5. Versuchseinweisung 23
6. Anwendung am praktischen Beispiel 26
7. Bezogenheit der Reizworte zur Symptomatik 45
8. Wiederholung des Reizwortversuchs 52

II. Kontaktzeichnen 55
1. Einleitung 55
2. Zeichengespräche 59
  a) Gesprächsteil 1/2. Kontaktfrage: Distanz, Beispiele 1–6 59
  b) Gesprächsteil 3/4. Kontaktfrage: An- oder Aufforderung, Beispiele 7–12 .. 68
  c) Gesprächsteil 5/6. Kontaktfrage: Angriff, Beispiele 13–18 77
  d) Gesprächsteil 7/8. Kontaktfrage: Zurücknahme, Beispiele 19–24 87
  e) Gesprächsteil 9/10. Kontaktfrage: Hilflosigkeit, Beispiele 25–30 98
  f) Gesprächsteil 11/12. Kontaktfrage: Reaktion auf Anpassung des Gesprächs-
    leiters, Beispiele 31–36 108
  g) Gesprächsteil 13/14. Kontaktfrage: Einengung oder Umarmung, Beispiele
    37–42 119
  h) Gesamtablauf eines Versuches mit Interpretationsprotokoll 131

III. Symbolzeichnen Ich – Du – Wir 139
1. Beispiel: Unfähigkeit zur Du- und Wir-Darstellung 142
2. Beispiel: Bettnässen 143
3. Beispiel: Asthma bronchiale 145
4. Beispiel: Stehlen, Streunen, Suizid 145

Vorwort

von Eckart Wiesenhütter

Wer den Begriff „Zeichnen aus dem Unbewußten" liest, denkt zunächst an das von C. G. JUNG nach jahrzehntelangen Vorarbeiten 1929 erstmals veröffentlichte Verfahren des Malens oder Bilderns aus dem Unbewußten. JUNG entwickelte es in ausschließlich therapeutisch-kathartischer Absicht. Folgen wir HEYER[1], sind alle verbalisierenden (analytischen) Verfahren vorschnell bemüht, die tiefgründigen Symbole in Formen und Formeln des rationalen Denkens zu übersetzen, sie ihres lebendigen Gehaltes zu entledigen und sie somit zu simplen Chiffren und Zeichen herabzuwürdigen. Demgegenüber beobachtete schon JUNG, daß vor allem echte (archetypische, visionäre) Symbolträume nicht rational zu deuten sind, daß ihr lebendiger Gehalt alles Aussagbare überschreitet und man sich ihrem innersten Wesen allenfalls über das Versenken in eine bildliche Darstellung annähern kann.

Diese therapeutisch-kathartische Absicht klingt zwar im letzten Teil des Buches von GRÄTZ an, ist aber nicht mit ihrem selbständig erarbeiteten Verfahren identisch. Das gilt ebenso von überwiegend aus diagnostischem Interesse entwickelten Methoden wie die Auswertung von Kinderzeichnungen[2], Wartegg- oder Baum-Zeichentest[3] und die Verwandlung der Familie in Tiere[4]. Auch GRÄTZ benutzt diese Tests, teilweise in Ergänzung ihres eigenen Verfahrens, aber ihr „Zeichnen aus dem Unbewußten" ist auch mit der Diagnostik zu eng umrissen. Es geht vielmehr um das Sichtbarmachen der Kommunikation, des Umgangs, 1. den eigenen Emotionen gegenüber (Reizwortversuch), 2. einem Du, zunächst konkret dem Versuchsleiter oder Therapeuten, gegenüber (Kontaktzeichnen), 3. dem Wir, den Ich und Du umgreifenden Gemeinschaften und Gruppen, gegenüber (Symbolzeichnen Ich – Du – Wir), welch dritter Schritt für alle Störungen und Neurosen von besonderer Bedeutung ist.

Läßt das Malen oft ungeahnte kathartische Wirkungen zu, die sich bis ins Chaotische steigern lassen, veranlaßt das Zeichnen von vornherein (neben kathartischen Möglichkeiten) zu mehr Konturen, Präzisierungen und Ordnungen. Zeichnet eine Versuchsperson etwa Wut, Aggression und Haß in überschießender nach vorn gerichteter oder in die Spitzen nach hinten

---

[1] G. R. Heyer: Künstlerische Verfahren. Handbuch der Neurosenlehre und Psychotherapie Bd. IV. München, Berlin 1959.

[2] E. M. Koppitz: Die Menschendarstellung in Kinderzeichnungen. Stuttgart 1972.

[3] E. Wartegg: Schichtdiagnostik. Göttingen 1953; K. Koch: Der Baumtest. Bern 1962.

[4] L. Gräser: Familie in Tieren. München, Basel 1957.

umdrehender gehemmter Form und erscheint dann die gleiche Bewegungsrichtung beim Du eines Mannes oder des Vaters, geschieht das gleiche etwa bei Neid, Eifersucht oder Zärtlichkeit Frauen oder der Mutter gegenüber, ist dies meist von frappierend eindrücklicher und nicht zu umgehender Rückwirkung. Vor allem bei Verdrängungen und einem Widerstand gegen Einsichten hat diese Darstellungsweise den Vorteil, daß aus allem subjektiven Erleben heraus in die Objektivation herüber gewechselt wird, welcher der Patient oder die Versuchsperson auf die Dauer nicht mehr ausweichen kann.

Die Autorin ist Psychoanalytikerin und verwendet ihr Verfahren ebenso vor Analysen wie in Beratungssituationen. Besonders erfolgreich kann es jedoch im Verlauf von Kurz-, Fokal- und Intensivanalysen in Widerstands- und Objektivationssituationen verwendet werden. Ebenso angebracht ist das Verfahren bei allen über den Leib vorgehenden (tiefenpsychologisch fundierten) Methoden, die an anderer Stelle[5] zusammengefaßt wurden, vor allem bei der „Konzentrativen Bewegungstherapie" und der „Funktionellen Entspannung"[6]. Lehrreich ist eine Mitteilung von M. KLOTZ[7]. Eine in einem gewissen Widerstand befindliche Patientin zeichnete gleiche unsichere sehr eckige und spitze Striche bei den Reizworten Eifersucht, Widerstand, Vater und Haß. Beim anschließenden Üben der Funktionellen Entspannung kauerte sich die Patientin verkrümmt und kümmerlich in eine Ecke und wurde wütend gegen sich, weil sie das nicht wollte. Sie fühlte sich nach ihren eigenen Worten „zusammengezogen, stachelig, eingekapselt". Nach einem vorsichtigen Anstoß durch die Therapeutin wurde ihr schlagartig klar, daß es genau die gleichen Worte waren, die sie zuvor nach dem Zeichnen für die Worte Haß, Eifersucht, Angriff, Verzweiflung und Vater benutzt hatte. Leibliche und zeichnerische Bewegung korrespondierten also, und über die vorausgegangene Objektivation durch das Zeichnen konnte die Patientin dieser Eigendarstellung (und damit dem bisher im subjektiven Erleben noch immer möglichen Widerstand) nicht mehr ausweichen und nachgeben.

Diese Beobachtung konnte vielfach bestätigt werden. Sie weist darauf hin, daß diese Methode auch bei anderen, vor allem aus der Heil- und Sozialpädagogik hervorgegangenen Verfahren, Verhaltens- und Gestalttherapie, Bioenergetik, themenzentrierte Interaktion usf. sinnvoll einsetzbar ist und dort eine wesentliche Ausweitung bedeutet. Das gilt ferner für alle am Menschen in therapeutischer, führender und pädagogischer Absicht tätigen Berufe. Ich

---

[5] B. Stokvis u. E. Wiesenhütter: Der Mensch in der Entspannung. Lehrbuch autosuggestiver und übender Verfahren der Psychotherapie und Psychosomatik. Stuttgart 1971.

[6] M. Fuchs: Funktionelle Entspannung. Stuttgart 1974.

[7] M. Klotz: Funktionelle Entspannung als Methode der Anthropologischen Medizin. Z. Klin. Psychol., Psychother. 1978 (im Druck).

erlebte den Zuspruch, den die Seminare der Autorin unter Studenten aller Fakultäten Jahre hindurch an der Universität erhielten; das gleiche Bild ergab sich bei ihren Kursen im Verlauf der Lindauer Psychotherapiewochen für Ärzte und ärztliche Mitarbeiter und im Verlauf von Tagungen der Internationalen Gesellschaft für Tiefenpsychologie. Hier drängten alle Berufsgruppen von Ärzten, Psychologen und Soziologen über Psychagogen, Jugendtherapeuten, Sozialarbeiter, Atemtherapeuten, Philologen und Lehrer bis hin zu Juristen und Theologen (von denen einige inzwischen das „Zeichnen aus dem Unbewußten" in seelsorgerliche Beratungsgespräche einbauten) in die praktische Unterweisung. Der Anwendung dieses Verfahrens sind kaum Grenzen gesteckt.

Das Lesen des Buches erfordert Konzentration und Geduld. Wer einmal oder mehrfach einen Kurs bei der Autorin absolvierte, wird schnell das wesentliche erfassen und seine Kenntnisse erweitern. Vielen anderen Lesern dürfte die Vertiefung in die einzelnen Schritte des Verfahrens Mut zum Sammeln erster (Eigen-)Erfahrungen machen und den Anstoß geben, an einem Seminar der Autorin teilzunehmen.

I. Reizwortversuch

1. Einleitung

An den Anfang aller Ausführungen möchte ich die Beschreibung des Ortes stellen, an dem die Gedanken entstanden sind, mit Hilfe des zeichnerischen Ausdruckes eine Erweiterung der Selbsterfahrung und der Kommunikation zu suchen und zu ermöglichen.

Der Beginn der Versuche reicht zurück bis in die 50er Jahre, in denen jeder therapeutisch Arbeitende – mehr noch als heute – unter der Bedrohung stand, von den andrängenden Bedürfnissen nach Behandlung verschüttet zu werden. Dabei stand er damals meist allein, zumindest aber außerhalb jeder Rufweite in dem Raum seiner Tätigkeit. Eine Notsituation des Therapeuten und ein Notstand für den kranken Menschen standen also Pate bei der Entstehung dieser Arbeit. Die heutige Vielfalt therapeutischer Einwirkungsmöglichkeiten war erst in ihren Anfängen begriffen und noch nicht allgemein wirksam.

So war bei dem Therapeuten zunächst der Wunsch ausschlaggebend, von dem Patienten in kurzer Zeit einen möglichst umfassenden Eindruck zu gewinnen, der ihn bei dem bestehenden Mangel an Teamarbeit zugleich auch eine vergleichend - differenzierende Kontrolle für sich selbst an die Hand gab. Kein Aufwand an institutionellen und materiellen Beschwernissen waren die Voraussetzung für die jahrelange Weiterentwicklung dieser Arbeit. Bleistift und Papier (wenn notwendig auch in den Sand zu malen) waren die einzigen Forderungen.

Aber noch ein weiteres und wohl tieferes Unbehagen des Therapeuten stand hinter dem Suchen nach neuen Wegen in dem Erfahren seines Gegenübers. Es war die Unzufriedenheit mit der eindimensionalen Ebene innerhalb der Begegnung, besonders da, wo die Möglichkeiten der Sprache versagten oder das Wort selbst erkrankt war. In langer Arbeit mit jugendlichen Menschen, die mit dem Gesetz in Konflikt geraten waren, wurde es immer fühlbarer, wie unangemessen oft das Verlangen war, daß sie über sich, über ihre Situation oder ihre Befindlichkeit „berichten mögen". Unangemessen und oft unzumutbar darum, weil es bedeutete, daß sie über Gefühle und Impulse aussagen sollten, die sich in ihrer Umwelt noch nicht einmal hatten konstituieren können (Beispiel 4 Seite 48).

In gleicher Weise hilflos und oft noch unbefriedigender waren auch die therapeutischen Bemühungen an den studentischen Beratungsstellen. Wie von

Baumgipfel zu Baumgipfel sprangen in den Gesprächen die vorgefertigten Begriffe durch den Raum – geübt, sich nicht auf den Boden fallen zu lassen: „Ich komme nur, um von Ihnen zu erfahren, wie sich meine frühkindliche Frustration, die in der Latenzzeit noch durch eine negative Bruderbeziehung fixiert wurde, bei meiner jetzt bestehenden ödipalen Bindung an meine Mutter aufarbeiten läßt."

In diesen, wenn auch nicht immer so drastischen Situationen, wurde der Wunsch immer unabweisbarer, dem Patienten auf einer zweiten und anderen als nur der sprachlichen Ebene zu begegnen. Die ersten Versuche tauchten auf, in einer gegenstandsfreien Linie innere Bewegungen wiederzugeben für Worte wie: Wut, Angst, Angriff, Geborgenheit, Sehnsucht, Vater, Mutter.

Im Verlauf der weiteren Arbeit weitete sich das Feld der zeichnerischen Kommunikationsversuche. Ältere Patienten, Eheleute, Väter, Mütter und alle Patienten, die sich in weitschweifigen biographischen Details verloren oder andere, denen das Wort angstbesetzt verschlossen blieb oder auch diffus entartete – kurz überall da, wo sich ein Bedürfnis nach Erweiterung, Differenzierung oder Kontrolle für den Therapeuten einstellte, wurden die Patienten in zunehmendem Maße gebeten, einen Zeichenversuch mit uns zu unternehmen.

2. Zur zeichnerischen Aussage

Um das bisher Gesagte noch einmal zusammenzufassen: Die Konfrontation im zeichnerischen Bereich sollte nichts anderes sein als eine Erweiterung der „Erfahrung" und „Mitteilung" in einer zweiten, zeichnerischen Ebene: Erfahrung des Zeichners mit sich selbst im Stadium des Zeichnens und Mitteilung in der Übersetzung der zeichnerischen Aussagen im gemeinsamen, interpretierenden Gespräch und erneute gemeinsame Erfahrung. Um die Möglichkeit der Erfahrung in einen umfassenden und fruchtbaren Bereich zu lenken oder auch in die Nähe des für den Zeichner problematischen Ortes zu verlegen, bedurfte es einer sorgfältigen Auswahl reizlösender Worte und des dazugehörenden zeichnerischen Raumes. Hatte sich bisher die gegenstandsfreie Linie oder Form spontan als Aussagemöglichkeit in bestimmten Situationen angeboten: „Zeichnen Sie doch mal Ihre Wut, oder wie würde der Widerstand wohl aussehen" – so schwebte die Antwort noch ganz und gar als Linie oder Form in einem zufällig gegebenen Raum.

Dieser Zustand stellte sich bald als sehr unbefriedigend heraus. Wiederholte man in einem anderen Gespräch den Versuch oder sollte er verglichen werden mit anderen Aussagen, so wurde überdeutlich, daß die zufällige Veränderung des Raumes, in dem die Form entstanden war, eine so entscheidende Veränderung der Aussage zur Folge hatte, daß sich der Versuch seiner wesentlichen Aussagekraft selbst beraubte.

Auf der Suche nach einem notwendig gleichbleibenden Raumangebot fiel die erste Wahl auf ein quadratisches Zeichenfeld. Es stellte sich dabei aber die Beobachtung ein, daß das Quadrat eine zu starke Fixierung an den Mittelpunkt auslöste und ein Übergewicht an ornamentalen, neutralisierenden Formen nach sich zog. Darüberhinaus wurden die sich wiederholenden, fortlaufenden, weiterentwickelnden Bewegungen, die sich fast ausschließlich (aber nicht immer, z. B. bei Linkshändern!) von links innen nach rechts außen bewegen, von der rechten Seite des Quadrates gebremst und unterbrochen, oder die Bewegungen zerschellten an der rechten Wand. Da diese Störungen in einem noch höheren Maß bei dem nach oben und unten verlängerten Raum auftreten würden, fiel die endgültige Wahl auf das jetzt verwendete Zeichenfeld, das aus der vierfachen Faltung eines DIN A 5 Blattes entsteht.

Von großer Wichtigkeit zeigte sich nun, daß die Abgrenzung des Raumes durch einen Falz und nicht durch eine Linie vorgenommen werden mußte. Der Aufforderungswert des gleichen Mediums „Linie" wirkte sich so stark aus, daß Anlehnungen oder Wiederholungen der Linie, oder umgekehrt konkurrierende

Tendenzen zur Linie eher zu einer Auseinandersetzung mit der Linie als mit dem Raum führten. Auch von der Möglichkeit, einzelne Zeichenkarten für jedes Reizwort einzuführen, nahmen wir Abstand, weil damit die Auseinandersetzungen mit der Grenze – in diesem Fall mit der Möglichkeit der Grenzüberschreitung – empfindlich vermindert und damit die Aussagekraft wesentlich geschwächt würde.

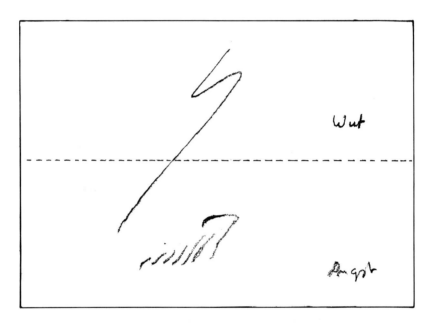

Abb. 1 Auseinandersetzung mit der Grenze Reizwort Wut

Nachdem nun jeder Zeichner den gleichen Raum zu seiner Orientierung zur Verfügung hatte, wurden seine Entscheidungen, sich zu diesem Raum zu verhalten, für ihn selbst und für den anderen sichtbar und vergleichbar. Kriterien tauchten auf: Nehme ich für meine zeichnerische Aussage den ganzen Raum in Besitz – oder beschränke ich mich – oder ziehe ich mich zurück auf einen unteren, oberen, inneren, äußeren Teil? Wohin richten sich meine Bewegungen, und wo spielen sie sich zentral ab? Eine nicht aufzählbare Fülle von Möglichkeiten tauchte auf in der Beziehung der jeweiligen Form und Bewegung zu dem sie aufnehmenden Raum (Beispiele Seite 15).

Abb. 2 Auseinandersetzung mit dem Raum

Eine weitere Auseinandersetzung im räumlichen Bereich erwartet den Zeichner durch die Bitte, er möge *nach* Beendigung der zeichnerischen Aussage das jeweils gegebene Wort in das entsprechende Feld eintragen. Ganz abgesehen davon, daß es oft aufschlußreich ist, wie sich die Schriftbewegung und die Zeichenbewegung der gegenstandsfreien Linien oder Formen gleichen oder auch nicht gleichen, bleibt noch die Beobachtung, wie der Zeichner sich mit den zwei verschiedenen Anliegen im gleichen Raum arrangiert, – ob er dem einen oder dem anderen Auftrag, – dem geschriebenen Wort oder der zeichnerischen Aussage – den Vorrang gibt, oder ob er sich den Raum beengt, indem er sich selbst mit dem geschriebenen Wort in den Weg stellt und Entwicklungen seiner Bewegung verhindert (Beispiele S. 17).

An dieser Stelle tauchen auch die ersten für weitere Forschung wichtigen Beobachtungen auf über die Entgrenzung in dekompensierten Zuständen der Zeichner. Wie sich an nachstehendem Beispiel einer akut dekompensierten Schizophrenie-Patientin zeigt, kann die „Aussageform" und das „Aussagewort" kaum mehr voneinander abgegrenzt werden, wie auch die Orientierung im Raum und der Umgang mit den Grenzen des Raumes sich gestört zeigen.

Abb. 3 Entgrenzung

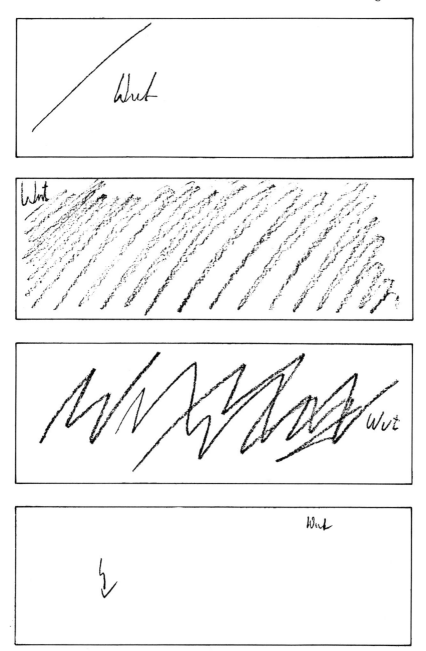

Abb. 4 Verhältnis von Wort und Zeichnung im Raum

3. Gegenstandsfreie Linie oder Form

Haben wir nun nach den genannten Auswahlkriterien das Zeichenfeld des Versuches bestimmt, bitten wir den Zeichner in gegenstandsfreien Linien oder Formen die innere Bewegung wiederzugeben, die das entsprechende Wort in ihm ausgelöst hat. Über die „Anatomie" der Linie, ihren Anfang und Ende, ihren wechselnden Druck und ihre Aussagekraft durch die Bewegung, wollen wir später anhand eines Demonstrationsbeispieles sprechen. Soviel jedoch sei schon an dieser Stelle vermerkt: Nicht die meßbare, objektivierbare Aussage der vor uns liegenden Form ist für uns das Entscheidende (daher auch kein Test), sondern allein das, was der Zeichner in seinen Formen erlebt hat. Ein senkrechter Strich in der Mitte eines Zeichenfeldes bedeutet nicht „dieses" und ein Punkt im unteren äußeren Drittel des Raumes nicht „jenes". Wir können uns darum auch nicht anlehnen an die eingehenden und subtilen Auseinandersetzungen von KLEE, KANDINSKY u. a. über Punkt, Linien, gegenstandsfreie Formen und bildnerisches Denken. Wie nachfolgende Beispiele zeigen, ist für das Wort Widerstand hier die relativ seltene Aussageform der waagerechten Linie benützt worden. Jede dieser Linien aber hat eine völlig andere Interpretation, auf die wir ohne die Aussage des Zeichners nicht allein von der Linie her schließen könnten (Beispiele S. 19).

In dem interpretierenden Gespräch bleibt es weiterhin noch von großer Wichtigkeit zu erkunden, mit welchem Ausdruck seiner Form der Zeichner ganz übereinstimmt, welcher Aussage gegenüber er sich im Nachhinein unsicher, erschreckt oder unzufrieden zeigt, oder – eine nicht seltene Situation – ob er seinen eigenen Linien gegenüber keinen Zugang mehr findet. Gerade dann, wenn sich zwischen der zeichnerischen Aussage und der Übersetzung durch das Wort ein Mißverstehen, eine Fremdheit oder eine Diskrepanz einstellt, befinden wir uns fast immer sehr in der Nähe eines unbewußten Konfliktes. Selbst die Situation, in der der Zeichner ein Reizwort nicht beantwortet und das Feld leer läßt, weil er keinen Ausdruck findet für das entsprechende Wort, bleibt für uns eine Antwort von hohem Rang. Wir würden es vergleichsweise etwa dem Schweigen gleichstellen, hinter dem eher eine zu intensive und affektbeladene Gefühlsbesetzung steht, als daß es als Gleichgültigkeit und Spannungslosigkeit erlebt werden kann. Oft ist es schon eine erste entscheidende Erfahrung für den Zeichner, daß er von 16 gegebenen Reizworten gerade das Wort X nicht beantworten konnte.

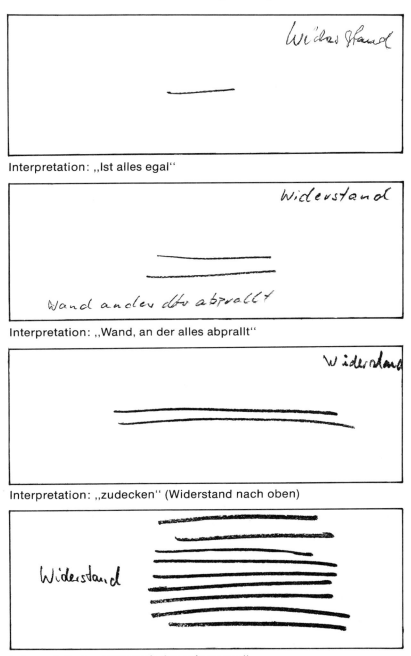

Interpretation: „Ist alles egal"

Interpretation: „Wand, an der alles abprallt"

Interpretation: „zudecken" (Widerstand nach oben)

Interpretation: „Immer wieder nein sagen"

Abb. 5 Differierende Aussagen bei gleicher Bewegung

4. Reizwortwahl

Die unten aufgeführte Reihenfolge der Reizworte hat sich nach langen, wechselnden Versuchen in den letzten Jahren in dieser Weise als stabil erwiesen. Es ist unserer Erfahrung nach die weitestgefächerte Wortwahl, die gleichzeitig auch von einem breit angelegten Personenkreis ohne Unterschied an Voraussetzungen beantwortet werden kann.

Dennoch soll ausdrücklich betont werden, daß Bündelungen bestimmter Reizworte, die auf eine spezifische Problemlage abgestellt sind, oder Kürzungen des Gesamtversuches – ja das Zeichnen eines einzigen Reizwortes (z. B. als

Seite 1

Wut
Angst
Haß
Verzeihung

Seite 2

Zuneigung
Eifersucht
Sehnsucht
Verzweiflung

Seite 3

Widerstand
Geborgenheit
Angriff
Einsamkeit

Seite 4

Hunger
Tanz
Vater
Mutter

Variation 1
(für Einzelarbeit)
Blatt 4

Variation 2
(für Gruppenarbeit)
Blatt 4

| Konfliktbezogenes Reizwort |
| Tanz |
| Vater |
| Mutter |

| Tanz |
| Vater |
| Mutter |
| Freier Einfall des Zeichners |

Gruppenübung) – oder das Einführen anderer neuer Worte der freien Gestaltung der einzelnen Versuchsleiter überlassen bleiben kann. In dem oben angegebenen Schema ist das Blatt vier für Durchführungen von Variationen gedacht. Es zeigt sich z. B. für die einzeltherapeutische Situation von Vorteil, den Versuch mit den Reizworten Vater (vorletztes Feld) und Mutter (letztes Feld) enden zu lassen, weil sich von daher ein zwangloser, selbstverständlicher Übergang in das biographische Gespräch ergibt, das den Patienten schnell an den zentralen und für ihn wesentlichen Ausgangspunkt führt. Das bei dieser Variation freigewordene obere Feld des Blattes vier wird, wenn kein konflikt-spezifisches Reizwort vorliegt (Flucht, Schule, Fleiß, Schwester u. a. mehr) mit dem Reizwort „Hunger" belegt. Es ist damit beabsichtigt, in der Gesamtschau der 16 Reizworte eine Aussage aus dem Bereich des Oralen (Hunger) zu erhalten, wie wir mit dem Wort Tanz eine Aussage aus dem motorischen Bereich zu erhalten hoffen. Für die Gruppenarbeit hingegen hat es sich als fruchtbar erwiesen, das letzte Feld des vierten Blattes für einen freien Einfall der Zeichner zu benützen. Die anschließende gemeinsame Interpretation des selbstgegebenen Wortes ergibt schnell ein situatives Gruppenbild, das den Einstieg in die Gruppenarbeit erleichtert und die Kommunikation verdichtet und zentriert.

Wenn wir uns nun den Reizworten der drei ersten Blätter des Versuches zuwenden, so war zunächst bei der Wortwahl der Gedanke leitend, daß die Begriffe einen elementaren, ursprünglichen Zugang ermöglichen sollen und von komplexeren Begriffsvorstellungen wie Fleiß – Glück – Recht – Mut – Freiheit u. a. Abstand genommen wurde. Zusätzlich mußten Worte umgangen werden, die eng mit kollektiven Formvorstellungen verbunden waren, wie Liebe

= Herz, Trauer = Kreuz u. a. m. Ein weiterer Gedanke in der Wortwahl wurde aus der Erfahrung heraus formuliert: Es zeigte sich nämlich, daß viele Zeichner in erhebliche Zweifel und Ausdrucksunsicherheiten gerieten, wenn inhaltlich sehr ähnliche Reizworte hintereinandergereiht waren, wie: Hass – Angriff – Widerstand oder Sehnsucht – Einsamkeit – Zuneigung. Um diese Störung zu vermeiden und die Spontaneität zu fördern, wurden daraufhin die Reizworte so angeordnet, daß möglichst divergierende Begriffe aufeinander folgten. (Ausnahme Bl. 1 zu 2. Die Distanz soll durch Blattwechsel ersetzt werden). Eine letzte wichtige Beobachtung machten wir mit den Initialworten des Versuches. Nach häufigen Veränderungen fiel die Wahl auf das Reizwort „Wut", weil es durch seinen hohen dynamischen Inhalt einen starken motorischen Zeichenimpuls auslöst und damit ein ermutigendes, fast suggestives Initialerlebnis darstellt: „Ich kann mich ausdrücken, ich verstehe, was gemeint ist."

An die zweite Stelle wurde dann das Reizwort „Angst" gesetzt, weil es einerseits einen extrem verschiedenen Zeichenimpuls bei dem überwiegenden Teil der Zeichner bewirkte (und damit nicht die erste Form der Aussage in Frage stellt) und weil die in der experimentellen Situation häufig vorherrschende Angst möglichst frühzeitig angesprochen und ausgedrückt werden sollte. Das Reizwort „Haß" ist dann an dritter Stelle nicht eigentlich seines Inhaltes wegen eingesetzt worden, sondern einem Bedürfnis der meisten Zeichner folgend, nach der anfänglichen Unsicherheit und Uneingestimmtheit noch einmal eine Antwort im ähnlich gelagerten aggressiven Bereich zeichnerisch formulieren zu können. In der Interpretation der Aussagen machen wir dann auch immer wieder die Erfahrung, daß die Formen für Wut und Haß im Zusammenhang gesehen, besprochen und verglichen werden.

Es bleibt in den Überlegungen zur Wortwahl nun nur noch darauf hinzuweisen, daß unter den 16 Reizworten die Worte: Verzeihung – Zuneigung – Eifersucht – Widerstand – Geborgenheit – Angriff sowohl passiv als auch aktiv aufgefaßt werden können, und daß es wichtig ist, in der Interpretation darauf zu achten. – Ich leiste Widerstand – ich stoße auf Widerstand. Ich erfahre Zuneigung – ich gebe Zuneigung. Eine Ausnahme ist bei dem Wort „Angst" zu beobachten. „Angst" wird häufig weder passiv noch aktiv, auch nicht als Angst an sich aufgefaßt, sondern schon als Verarbeitung der Angst, also Schutz oder Abwehr.

Für die Durchführung eines interpretierenden Gesprächs in seinen Einzelheiten wollen wir zum besseren Verständnis anschließend einen auf Tonband aufgenommenen Gesamtablauf wiedergeben, um die Form der Gesprächsführung, das Nachvollziehen und Nacherleben und Dechiffrieren der einzelnen Formaussagen direkt zu demonstrieren. Zuvor aber noch die Versuchseinweisung.

5. Versuchseinweisung

Zu dem Versuch wird folgendes Material benötigt: vier DIN A5-Bogen und ein weicher Bleistift. Jeder der vier Bogen wird 2 mal parallel quer gefaltet, so daß auf jedem Bogen vier, also insgesamt sechzehn Zeichenfelder entstehen.

Der Versuchsleiter sitzt dem Zeichner am Tisch gegenüber, so daß er Mimik und Bewegungen gut wahrnehmen kann. Das Tempo des Versuchs sollte dem Rhythmus des Zeichners angepaßt werden. Deutliche Verlangsamungen sowie auffallende Spontaneitäten bei bestimmten Reizworten sind schriftlich oder gedanklich zu registrieren und gegebenenfalls im Interpretationsgespräch zu verwenden. Jedes fertig beantwortete Blatt sollte mit der bezeichneten Seite nach unten auf den Tisch gelegt werden um Beeinflussungen des Zeichners durch seine eigenen Formen zu vermeiden. Kann der Zeichner zu einem bestimmten Reizwort keine zeichnerische Aussage finden, wird er gebeten, das entsprechende Wort in dem leergelassenen Feld einzutragen.

Die einleitenden Worte sollten immer gleichbleibend folgende sein:

> „Ich werde Ihnen jetzt eine Reihe von Worten nennen, zu denen Sie bitte jeweils mit gegenstandsfreien Linien oder Formen spontan das wiedergeben, was das genannte Wort an Eindruck und innerer Bewegung bei Ihnen auslöst.
> Für jedes Wort ist ein abgefaltetes Feld auf Ihren Blättern vorgesehen. Das genannte Wort tragen Sie bitte nach dem Zeichnen sofort in das entsprechende Feld ein.
> Aufkommende Fragen wollen wir nach Möglichkeit am Ende des Versuches besprechen."

Der überwiegende Teil der Zeichner wird mit dieser Einführung genug unterrichtet sein. Aber für den Fall, daß sich der Zeichner noch unorientiert zeigt und nicht recht verstehen kann, was gemeint ist, hat es sich als zweckmäßig erwiesen, an einigen Worten, die weitab von den Versuchsworten liegen, selbst nach freiem Einfall die gegenstandsfreie Linie und Form zu demonstrieren. Geeignet dafür zeigen sich ihrer plastischen Unterschiedlichkeit wegen Worte wie: Watte – Holz – Glas u. ä. m. (Beispiel Seite 24).

Bei außerordentlich heftigen Sperrungen gegen jede Kontaktaufnahme, wie wir es häufig in Pubertätskonflikten erleben, ist es auch durchaus möglich, den Versuch probeweise und zur Orientierung für den Zeichner in der Umkehrung zu beginnen, d. h. dem Therapeuten Worte zur zeichnerischen Beantwortung zu geben. Wie das Beispiel auf S. 25 zeigt, ist es der neunzehnjährigen, schwer körperbehinderten Patientin erst nach dem siebenten Wort möglich, sich auf

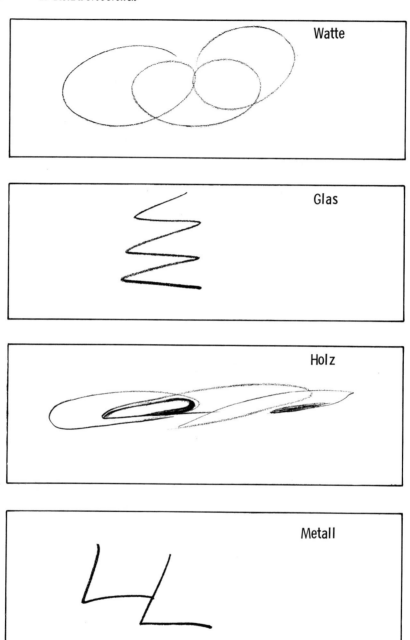

Abb. 6 Konfliktfreie Reizworte bei Widerständen

den Versuch einzulassen, indem sie von sich aus nach dem Wort „Geiz" sagt:
„Ich verstehe jetzt, was gemeint ist."

Blatt 1

Überheblichkeit
launenhaft
eigenwillig
erregt

Blatt 2

ungerecht
Geiz

6. Anwendung am praktischen Beispiel

Die Zeichnerin ist eine 29-jährige Assistenzärztin, verheiratet, hat 2 Kinder im Alter von 2 und 3 Jahren. Erkrankungen liegen nicht vor. Der Versuch wurde innerhalb einer Lehranalyse unternommen.

Nachdem der Zeichenvorgang wie erbeten ohne Zwischenfragen beendet worden ist, werden die 4 bezeichneten Seiten in der Reihenfolge des Zeichnens nebeneinander zur beiderseitigen Einsicht auf dem Tisch ausgebreitet (siehe Abb. 7, S. 40 ff.). Der Therapeut leitet hier das Interpretationsgespräch mit etwa folgenden Worten ein:

Teilansicht von Abb. 7, siehe auch S. 40 ff.

TH:
Würden Sie jetzt zunächst einmal Ihre Darstellung zu dem Wort **Wut** (Abb. 7.1) betrachten – dem Ablauf der Bewegung nachgehen und ihn in Worte übersetzen. Vielleicht erinnern Sie sich auch noch, wie es zu dieser Form kam?

GP:
Ja – der lange Anlauf der Linie hier ist genau meine ziemlich lange Geduld. Aber dann kommt der Augenblick, da kann es mit mir durchgehen. Da geht es zu weit – wie man sagt. Ich muß mich da oft gewaltsam bremsen, und das gelingt mir nicht immer sofort –, wie hier.
Früher habe ich mich furchtbar hineinreden können. Jetzt siegt schon häufiger die Vernunft, die mir sagt: „Halt – Schluß".

TH:
Aber da ist noch ein so merkwürdiger Ausklang der Linie, die wie angesetzt wirkt.

GP:
Das stimmt, das habe ich auch nachträglich angehängt. Der Übergang ist mir anscheinend nicht gut möglich. Es ist mehr guter Wille, Einsicht, oder auch Erfahrung, wenn Sie so wollen.

TH:

Können wir jetzt auf das nächste Feld schauen?

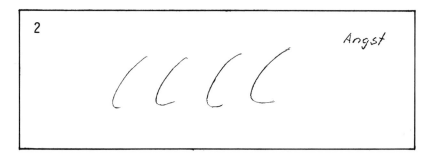

GP:

Das ist eine Bewegung, als wollte man einen schweren Ball oder Stoß auffangen. So meine ich es auch mit der **Angst** (Abb. 7.2) hier; mit ihr fertigwerden, weil man sie abfangen kann.

TH:

Und warum diese Bewegung gleich viermal hintereinander?

GP:

Das fällt mir jetzt erst auf, daß das Wiederholungen sind. Aber *eine* Linie davon würde mir auch wirklich nicht genügen.

TH:

Und welches war die erste Linie?

GP:

Die erste Linie war ganz links. Die anderen habe ich dann noch davorgebaut. Ich weiß nicht, was jetzt richtig ist. Sichere ich unnötig viel? Oder die Angst ist wirklich so groß, die ich abzufangen habe –, oder nur meine Erwartung? Ich glaube, das kann ich jetzt nicht lösen, darüber muß ich noch nachdenken.

TH:

Und wie ist es mit dem **Haß**? (Abb. 7.3)

GP:

Zu dieser Linie habe ich eigentlich keine richtige Verbindung. Sie ist für mich nahezu wie etwas Fremdes.

TH:

Fällt Ihnen denn jetzt bei der nachträglichen Betrachtung irgend etwas Besonderes auf?

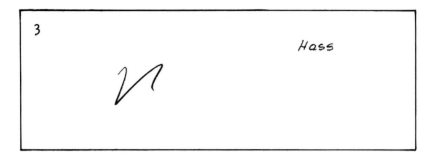

GP:
Jetzt fällt mir als erstes auf, daß die Linie in der Luft hängt, weder von unten heraufkommt, noch nach unten ausläuft, wie z. B. oben bei Wut.
Das stimmt allerdings doch mit meinem Haß überein.

TH:
Die Linie hat aber doch einen ziemlichen Druck im Vergleich zur Angst etwa.

GP:
Ich würde auch nicht sagen, daß ich nicht *weiß*, was Haß ist. Aber irgendwie ist er mir nicht erlaubt. Das ist hier vielleicht nur noch der Rest, alles andere ist schon abtrainiert.

TH:
Dann stimmen Sie jetzt mit dem Ergebnis doch etwas überein?

GP:
Ja, sicher – d. h. nein –, ich finde, ich hänge zu sehr in der Luft.
Pause

TH:
Ist dazu noch etwas zu sagen? Oder können wir zum nächsten Feld übergehen?
(Abb. 7.4)

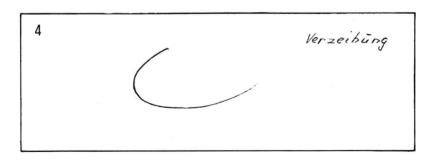

GP:

In dieser Linie für **Verzeihung** stimme ich ganz mit mir überein. Ich könnte nichts ändern. Auch der Liniendruck sagt das Richtige aus – zuerst bin ich ganz angefordert, kann dann aber ohne Bruch ausklingen.

TH:

Die Bewegung hat etwas Ähnlichkeit mit der Angst, meine ich?

GP:

Ja, das sehe ich jetzt auch. Aber ich meine, daß es bei der Angst mehr ein Abwehren war, während ich bei der Verzeihung mehr an Auffangen dachte.

TH:

Wenn ich hier so der auslaufenden Bewegung folge – kommt mir die Frage, ob es nicht gelegentlich auch etwas Zugreifendes hier haben könnte?

GP:

Nein. Aber das ist noch wichtig! Nicht eine zugreifende, sondern eine schützende Gebärde. Ich dachte nämlich beim Zeichnen an meine Kinder, weniger an Verzeihung unter Erwachsenen.

TH:

Und woran haben Sie bei **Zuneigung** gedacht? (Abb. 7.5)

GP:

Komisch –, das sieht jetzt beinahe aus wie ein Herz. Daran habe ich aber beim Zeichnen überhaupt nicht gedacht. Es sollten zwei Linien sein, die sich zueinander neigen. Wohl eine Zuneigung von Mann und Frau.

TH:

Und für welche Linie würden Sie sich selbst halten?

GP:

Für die innere natürlich. Die äußere ist mehr das Männlich-Schützende.

TH:

Die Bewegung ging, wenn ich es richtig beobachtet habe, von oben nach unten?

GP:

Nein, wenn Sie die Linien genau betrachten, so beginnen sie nicht oben, sondern innen und setzen sich erst nach oben und dann nach außen fort – und erst dann gehen sie wieder aufeinander zu.

Wenn ich es mir jetzt so betrachte, bin ich erstaunt, welchen mann-weiblichen Unterschied ich da gemacht habe. Mein Mann würde sich freuen, wenn er das sehen würde.

6   *Eifersucht*

TH:

Und wie sieht es mit der **Eifersucht** aus? (Abb. 7.6)

GP:

Das war ein heißes Eisen für mich! Da war ich ziemlich ratlos. Vor – zurück – vor – zurück, wie ein Huhn vorm Auto. Weiter fällt mir dazu nichts ein.
Pause
Das Resultat: So viel man auch rennt, es entscheidet sich nichts. Sie sehen, es ist aussichtslos – jedenfalls für mich.

TH:

Könnten Sie einmal versuchen, sich eine Linie vorzustellen, die ein Mensch gezeichnet hat, der mit der Eifersucht fertig wird?

GP:

Doch – einfach den Rücken drehen – abschalten – nicht hinsehen. Ich weiß, das ist auch keine Lösung, nur der Wunsch, damit nichts zu tun zu haben.

TH:

Und wollen wir dem jetzt *hier* nachgeben? (Abb. 7.7)

GP:

Ach ja, bitte! Bei der **Sehnsucht** da fühle ich mich ganz zu Hause.

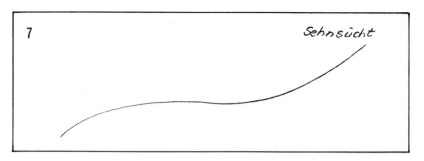

TH:
Das wäre mir allerdings etwas windig, wenn das mein Zuhause sein sollte.

GP:
Natürlich, das meine ich auch nicht so; ich meine, ich fühle mich ganz bei mir.
Was mir hier so wichtig ist, und was mir so gut gefällt, ist, daß sich die Linie so
schön in sich selbst spannt und nicht ins Unendliche rennt. Früher bin ich immer
mit voller Wucht gegen alle Wände gerannt, die da waren.

TH:
Jetzt liegt der Schwerpunkt der Linie fast in der Mitte, zumindest im vorderen
Drittel.

GP:
Ja – das ist jetzt – heute – ich meine die Gegenwart.

TH:
Und was besagt das, daß die Linie da in dem Heute, in der Gegenwart so stark
wird?

GP:
Eigentlich wollte ich sagen, soll das heißen: Hier bin ich ganz da, hier bin ich
wirklich.
Aber natürlich. Wenn ich so nachdenke, das könnte schon stimmen, Kraft
braucht man ja auch, und manchmal mehr als man hat.

TH:
Bei der **Verzweiflung** beginnt die Linie ja ganz ähnlich wie bei der Sehnsucht.
(Abb. 7.8)

GP:
Ja, beginnen schon, aber dann kann ich nicht weiter. Dann wende ich mich ab
– ziehe mich auf mich selbst zurück – zeige mich verschlossen nach außen.

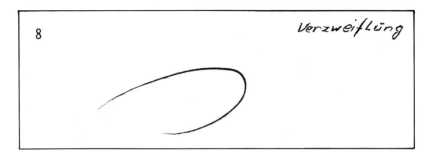

TH:

Könnte sich unter einem außerordentlichen Druck die Bewegung noch mehr schließen, etwa zu einem Schneckenhaus werden?

GP:

Nein, das glaube ich nicht. Das Offensein nach innen ist mir sehr wichtig. Wahrscheinlich meine ich damit auch meinen Mann, von dem ich mich wirklich auch in der größten Verzweiflung nicht abwende.

TH:

Die Linie klingt fast so schön aus wie sie angefangen hat, können Sie mir das noch übersetzen?

GP:

Das heißt wohl, daß ich auch in der schlimmsten Verzweiflung irgendwann zur Ruhe komme. Es gibt doch Menschen, die zerfleischen sich in ihrer Verzweiflung. Das tue ich nicht.

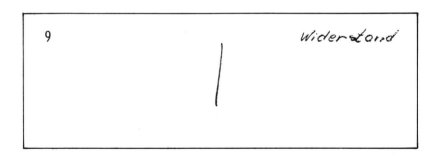

TH:

Dieser Strich für **Widerstand** wirkt unheimlich eindeutig auf mich, wie er da im Raum steht. (Abb. 7.9)

GP:
Das soll er auch sein. Ein kompromißloses klares ,Nein' – das nicht nach rechts und nicht nach links geht.
Ich muß aber sagen, ich finde ihn jetzt wenig vertrauenerweckend. Ich wünschte ihn mir schon etwas mächtiger im Raum.

TH:
Wie würde das Mächtigere aussehen, dicker oder größer . . .?

GP:
Vor allen Dingen bis zum oberen und unteren Rand durchgehend. Und dann natürlich auch noch dicker.
Aber das wäre dann wohl nicht mehr *mein* Widerstand.
Pause
Aber so, wie er da steht, stimmt es auch nicht. Vielleicht müßte ich noch mehrere Striche davorsetzen, wie bei der Angst, nur gerade.

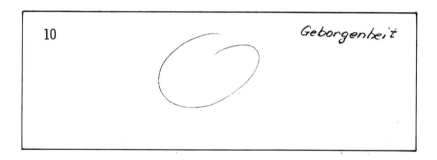

TH:
Und bei der **Geborgenheit,** wie stimmen Sie da überein? (Abb. 7.10)

GP:
Das finde ich wirklich gut, eine Bewegung, die sich in sich selbst erneuert, ohne Erschöpfung. Sie drückt es so richtig aus, was ich sagen wollte, daß die Geborgenheit keine zeitweilige Haltung ist, sondern ein Zustand.

TH:
Haben Sie hier nun gemeint, daß Sie etwas bergen, oder daß Sie geborgen werden?

GP:
Beides – ich kann mir beides gut vorstellen.

TH:
Und würden Sie sich auch vorstellen können, daß Sie den Kreis ganz schließen?

GP:

Nein, keinesfalls. Das würde ich dann eher für die Darstellung eines embryonalen Zustandes halten. Einverleiben statt bergen.

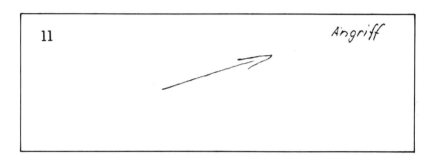

TH:

Und wie sieht es beim **Angriff** aus? (Abb. 7.11)

GP:

Da bin ich nicht so sehr zufrieden. Ich bin von der gegenständlichen Vorstellung Pfeil und Bogen nicht losgekommen. Mir fällt aber auch jetzt keine gegenstandslose Aussage ein.

TH:

Dann versuchen Sie doch jetzt einmal bitte nur dem Druck Ihrer Linie zu folgen. Da fängt es unten so kräftig an und läuft dann ganz zart nach oben aus.

GP:

Ja – und da wird der Schwindel sichtbar. Die Pfeilspitze ist ja eigentlich mehr zum Schutz der Linie da – als zum Angriff.

Pause

Eine schreckliche Vorstellung, wenn dieser Angriff wirklich auf einen Gegner trifft ...

TH:

Und warum wird sich wohl der Strich nach rechts oben wenden?

GP:

Ich weiß es auch nicht. Vielleicht habe ich die Hoffnung, dort oben weniger Widerstand zu finden –.

Vielleicht sogar Flucht?

TH:

Wenn es also eigentlich gar keinen Angriff darstellt, wie könnte es denn sonst heißen dieses Zeichen?

GP:

Flucht – ganz sicher Flucht. Ich fühle mich jetzt richtig ertappt, denn so sieht wirklich mein Angriff aus. Fast immer ein Selbstbetrug.

TH:

Ist noch was dazu zu sagen?

GP:

Nein – mir wird da nur so vieles klar.

GP:

Hier (Abb. 7.12) glaube ich, gibt es keine Überraschungen. Der kleine schwarze Kreis soll ein hermetisch in sich selbst abgeschlossenes – bis auf den letzten Punkt zusammengezogenes Ich sein.

Beim Zeichnen der **Einsamkeit** habe ich geschwankt, ob ich es links unten hinsetzen sollte. Aber da wäre ich mir mehr wie in Arrest vorgekommen.

TH:

Wenn da unten links die Arrestecke ist, was drückt dann die obere rechte Ecke im Raum aus?

GP:

Das ist für mich außen, da treffe ich viele Menschen.

TH:

Dann ist der Ort Ihrer Einsamkeit also dort, wo viele Menschen sind?

GP:

Ja, ich sagte doch schon, ich will die Einsamkeit ausdrücken unter den Menschen und doch von ihnen hermetisch abgeschlossen sein. Mich nicht verständlich machen können und nicht verstanden werden.

TH:

Und warum dieses hermetisch abgeschlossene Ich nun so weit da oben im Raum steht, ist das auch noch zu übersetzen?

GP:

Wenn ich es mir jetzt ansehe, würde ich sagen ja, weil ich die gedankliche Ebene meine. Aber beim Zeichnen habe ich das unbewußt gemacht.

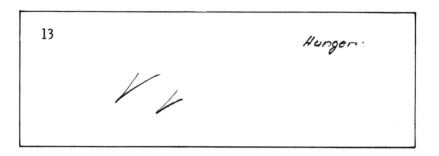

GP:

Das Wort **Hunger** lohnt sich, glaube ich, gar nicht zu besprechen. (Abb. 7.13)

TH:

Und warum nicht?

GP:

Ich hatte da überhaupt kein Gefühl, weil ich viele kleine Vögel vor mir sah, die alle ihren Schnabel aufsperrten.

TH:

Gemalt haben Sie aber nur zwei.

GP:

Ja, ich habe ja auch nur zwei Kinder.

TH:

Und einen Mann??

GP:

Da würde ich mehr sagen, *der* muß drei Schnäbel füttern.

TH:

Und wenn wir jetzt zum **Tanz** übergehen . . . (Abb. 7.14)

GP:

Tanz?? Haben Sie nicht das Wort Melodie gesagt?

TH:

Nein, ich glaube ganz sicher, daß ich Tanz gesagt habe.

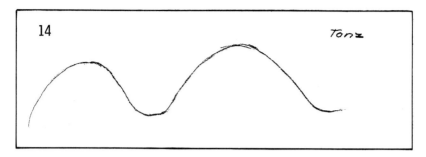

GP:

Merkwürdig, bei Tanz würde ich mir jetzt unbedingt zwei sich bewegende, korrespondierende Linien vorstellen.

Pause

Haben Sie nicht doch Melodie gesagt? Jedenfalls was wir hier sehen, muß Melodie heißen und ist auf keinen Fall Tanz.

TH:

Also sollen wir zum **Vater** übergehen? (Abb. 7.15)

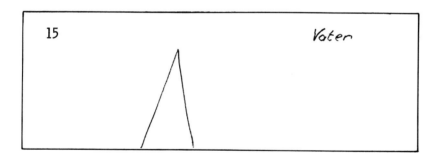

GP:

Da bin ich wieder ganz im Bilde. Da wollte ich sagen, das ist etwas, was in sich selbst Halt hat, auf eigenen Füßen steht, hieb- und stichfest ist.

TH:

Auf mich wirkt das Gebilde ziemlich hart und abweisend, wie es da so im Raum steht.

GP:

Abweisend – dann hätte ich es für mein Gefühl ganz schwarz ausmalen müssen. Aber darin haben Sie schon recht – leicht heranzukommen ist da nicht. Aber das war bei meinem Vater auch so.

TH:

Wohin würden Sie sich wohl zeichnen, wenn Sie sich in Korrespondenz mit Ihrem Vater darstellen wollten?

GP:

Also auf keinen Fall in den inneren Raum, falls Sie das vermuten.
Ich denke auch eigentlich nicht so richtig an „meinen" Vater. Ich denke mehr an den Begriff Vater. Wir müßten da oben jetzt eigentlich hinschreiben „Vaterdenkmal".

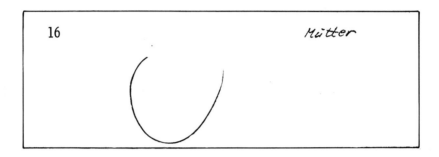

GP:

Bei meiner **Mutter** ist das übrigens ganz anders. (Abb. 7.16)
Pause
Das ist das Schützende, Tragende, Aufnehmende.

TH:

Aber die Bewegung läuft, wenn ich genau hinsehe, etwas schwach, zart, ja beinahe atemlos aus?

GP:

Atemlos, das glaube ich nicht. Das liegt schon im Ansatz der Bewegung: auf keinen Fall den Kreis schließen – offenbleiben.
Aber da haben Sie vielleicht doch recht. Aber das gilt mehr für mich als Mutter, weil ich mich so bemühe, die Kinder nicht so sehr festzuhalten.

Fassen wir Beispiel und Anwendung zusammen:

Es ist zu begrüßen, wenn – wie im vorliegenden Beispiel – die einzelnen Bewegungsaussagen zunächst auf sich selbst bezogen, d. h. über ihr Vorhandensein im Raum, im Ablauf der Bewegung, der Dynamik der Linien, ihren Anfang und ihren Ausklang nacherlebt und übersetzt werden können. Erst dann sollte als eine zweite weitere Möglichkeit die Bezogenheit der Aussagen zueinander betrachtet werden, die dann aufbauen kann auf den bereits erkannten und mitgeteilten Inhalten. Mit dieser Anordnung soll verhindert werden, daß ein vorzeitiger Vergleich eine bewußte oder unbewußte Korrektur auslöst, die die Wahrnehmung und Übersetzung einengt oder verändert.

Im vorangehenden Beispiel ergibt sich nach Beendigung der Interpretation in den genannten beiden Ebenen folgendes Schlußgespräch in der *Gesamtschau:*

TH:

Wenn Sie jetzt noch einmal einen Blick auf alle 16 Aussagen werfen, sehen Sie da etwas, mit dem Sie besonders übereinstimmen, das Sie beeindruckt, oder etwas was Sie unzufrieden oder mißgestimmt macht?

GP:

Ja – sehr unzufrieden – wirklich mißgestimmt – mehr noch, eigentlich erschreckt macht mich die Aussage Eifersucht. Das macht mir wirklich richtig etwas aus – so wie überführt oder bloßgestellt. Ich möchte das nicht sein. Pause. – Und dabei ist es fast meine stärkste Aussage von allen. Was mache ich mir da vor?

TH:

Vielleicht erinnern Sie irgendeine Situation, in der Sie etwas mit Eifersucht zu tun hatten – bei sich selbst oder bei anderen?

GP:

Nein, das ist es ja. Ich bin die Älteste von 5 Kindern und habe nie eine Eifersucht auf eines meiner Geschwister erlebt. Ganz im Gegenteil! Pause – Aber auf der Station habe ich jetzt viel Ärger mit den Kollegen wegen der Patienten. Ich habe immer Angst, die anderen nehmen es nicht ernst genug oder machen es nicht richtig. Am liebsten möchte ich alles allein machen, Tag und Nacht da sein.

TH:

Sind da Zusammenhänge?

GP:

Ja, da geht es weiter – da kommt noch vieles – Pause – aber nicht jetzt.

TH:

Und etwas mit dem Sie besonders gut übereinstimmen, was Sie zufrieden macht, in dem Sie sich wieder erkennen, ist das auch dabei?

GP:

Ich muß erst noch was Unzufriedenes sagen: Der Widerstand gefiel mir schon beim Zeichnen nicht. Aber jetzt im Zusammenhang ist er mir fast peinlich. Das

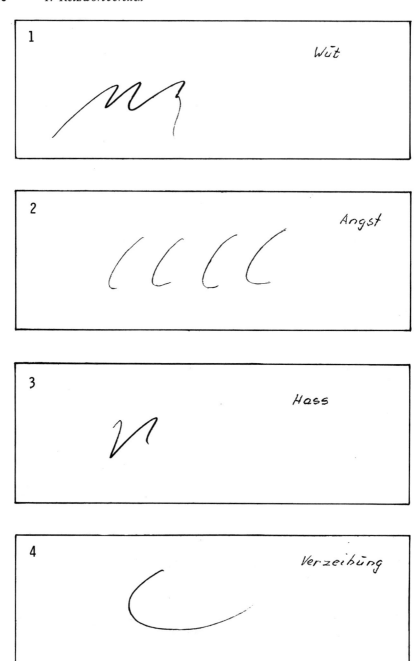

Abb. 7 Anwendung am praktischen Beispiel

5   *Zuneigung*

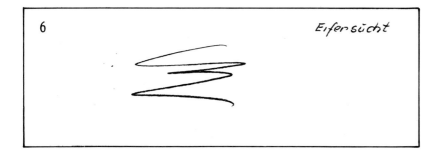

6   *Eifersucht*

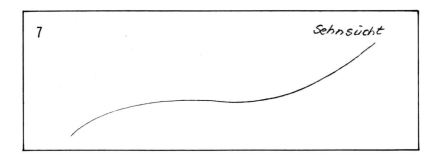

7   *Sehnsucht*

8   *Verzweiflung*

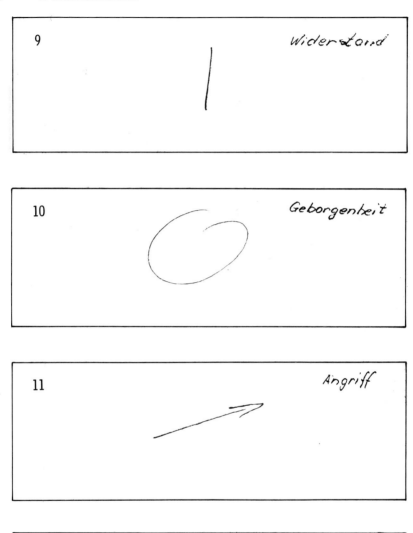

Abb. 7 Anmerkung am praktischen Beispiel

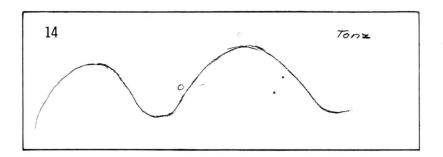

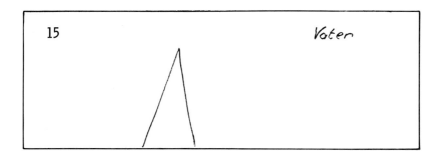

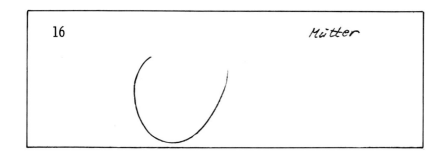

stimmt auch so nicht, die Linie muß unbedingt 4–5 Mal hintereinander stehen, als Verstärkung. – So schwach bin ich ja nun auch nicht.

Und positiv: Auf die Aussage Angst bin ich fast stolz, weil ich sehe, daß ich da etwas geschafft habe, mich gegen die Angst zu wehren. Das war für mich eine Gefahr, so zart und verzittert zu sein.

Direkt schön finde ich auch noch die Zuneigung – und ganz übereinstimmend. Das könnte ich mit Worten gar nicht so gut ausdrücken.

TH:

Und wie empfinden Sie die Ähnlichkeit oder den Gleichklang der Bewegung bei Verzeihung und Mutter?

GP:

Das finde ich natürlich wunderschön. Aber es macht mich auch etwas beklommen –, ich denke, so kann es nicht bleiben – es ist zu schön.

7. Bezogenheit der Reizworte zur Symptomatik

Wie wir in der Beschreibung der abschließenden Gesamtschau des letzten Interpretationsgespräches erwähnten, sind die Zeichner oftmals den Reizworten „Vater" und „Mutter" und ihrer Bezogenheit zu den 14 anderen Aussagen des Versuches primär in ihrer Aufmerksamkeit zugewandt. Aber auch die Aussagen anderer Reizwortgruppen werden in der Gesamtbetrachtung für den Zeichner oft zu einem Aha-Erlebnis. Beispiele dafür ließen sich beliebig anführen, beschränken sich aber in ihrem Inhalt meist in der überraschenden Identität oder Ähnlichkeit der Formaussagen zu verschiedenen Reizwortgruppen. Oft werden für den Zeichner damit Zusammenhänge verdeutlicht, die er bisher nicht bewußt erfassen konnte.

Darüber hinaus gibt es für den Therapeuten noch eine weitere sehr wichtige Sicht, die dem Zeichner selbst nicht immer sogleich zugänglich ist und einsehbar sein kann. Es handelt sich dabei um die Gruppe der Formaussagen, die zwar eine Unstimmigkeit sichtbar darzustellen scheinen, aber von dem Zeichner noch nicht objektiviert werden können, weil er ganz und gar mit dieser Form übereinstimmt und sein Verändert-Sein nicht wahrnehmen kann. Um den Blick für Zusammenhänge dieser Art aufzuschließen, wollen wir im folgenden aus 5 Versuchsabläufen die Worte „Wut – Angriff – Angst" herausgreifen, um sie in ihrer differenzierten Bezogenheit zu demonstrieren und zu interpretieren (siehe Abb. 8, S. 48).

Beispiel 1

Der Zeichner ist ein 18 Jahre alter Fachoberschüler, der von einem schweren akuten Waschzwang befallen wurde, als er aus seinem sehr behütenden Elternhaus auf das Internat einer Fachoberschule überwechselte. Alters- und reifungsmäßig den anderen Mitschülern, die zum Teil schon aus der praktischen Arbeit kamen, weit unterlegen, sexuell unerfahren, stürzte er sich blindlings in eine intime Beziehung zu einer im Internat beschäftigten Küchenhilfe. Das zwanghafte Waschen der Hände – er konnte den Wasserhahn kaum mehr verlassen – wurde im Laufe der Behandlung auch für ihn sehr bald im Zusammenhang mit seinen „schmutzigen" Handlungen verstehbar.

Mit zunehmender Orientierung in seinem neuen Lebensraum und der nachreifenden Erweiterung seines Blickfeldes in therapeutischen Gesprächen konnte das Gleichgewicht wiederhergestellt und die Symptomatik der Waschzwänge aufgehoben werden. Bei der Interpretation seiner Formen war der Zeichner im ersten Augenblick voller Stolz über die Vehemenz seiner *Wut*.

Gleich anschließend konnte er aber sehr genau nacherleben und schildern, wie er diese namenlose Wut in sich hereinfressen mußte, weil die anderen ihm so überlegen und so sehr in der Mehrheit waren.

Die beinahe hilfesuchende zumindest aber hilflose Form für *Angriff* – verstärkt auf dem Hintergrund der vehementen Wut – ließen ihn dann, wenn auch mehr noch als Ahnung, seine Form für *Angst* verstehen: „Das ist mein Zittern, wenn ich nicht an den Wasserhahn kommen kann."

Beispiel 2

Diese Aussagen entstanden wenige Tage vor dem Suizid des Zeichners, einem an Phobien und Kontrollzwang leidenden Medizinstudenten. Bei der Erstuntersuchung wurde neben der eingehenden Exploration auch ein Zeichenversuch unternommen. Dem Patient, der bereits 2 Jahre in medikamentöser Behandlung stand, wurde eine sofortige Aufnahme therapeutischer Behandlung empfohlen. Das (ärztliche) Elternhaus widersetzte sich dieser Empfehlung und bestand, wenn notwendig, auf Einweisung in eine Psychiatrische Klinik. In einem hinterlassenen Brief teilte der Patient mit, daß er lieber freiwillig in den Tod gehe, als in der Klinik zu sterben wie sein Bruder.

Nach beendetem Zeichenablauf sah sich der Zeichner sehr wenig in der Lage, seine Formen zu übersetzen. Von den hier vorliegenden 3 Reizworten identifizierte er sich sofort mit der Aussage *„Angst"* und bezeichnete die Form als ein Gitter, hinter dem er gefangen sei. In unserem Sinne eine Sekundärantwort, die uns zeigt, daß er den intuitiven Bewegungsinhalt des Reizwortes nicht mehr zulassen kann oder wiederzugeben vermag.

Das leere Feld bei dem Wort *„Angriff"* verglich der Zeichner mit der unbewegten geraden Linie, die er bei der Antwort auf Sehnsucht gegeben hatte mit dem Bemerken: Das sind Dinge, zu denen habe ich keine Kraft mehr.

Auf die Form für das Reizwort *„Wut"* konnte er nachfühlbarerweise keine Interpretation finden. Als er die vorsichtig abwartende Haltung des Therapeuten bemerkte, der von der Ausweglosigkeit der Darstellung sehr angerührt war, kam er zu der vertrauensvollen Frage: Ist da etwas Verwunderliches in der Antwort?

Beispiel 3

Der Versuch stammt von einem Studenten für Alte Sprachen (Latein, Griechisch), der als einziger Sohn einer Kriegerwitwe sich bereits im 17. Semester seines Studiums befand und wegen schwerer Arbeitsstörungen zu keinem Abschluß kommen konnte. Seit etwa 3 Jahren arbeitete er nur noch allein in seiner Wohnung, die er mit der Mutter teilte, und geriet damit in eine immer tiefere Isolierung zu seiner studentischen Umwelt. Die Übersetzung seiner Formaussagen wurde ganz entgegen zu ihrem optisch undynamischen Aspekt mit vielgestaltigen, weitschweifigen Phantasien umgeben, so daß sich der Zeichner auch hier sehr bald in seiner für ihn spezifischen Situation befand: Er konnte handelnd (zeichnend) nicht ausdrücken, was er gedanklich mit seinen Aussagen verband.

Seine Interpretation zu dem Reizwort *„Wut"* lautete:
Damit will ich darauf hinweisen, daß meine Wut sich nach oben richtet. Wenn sich dort oben jetzt jemand breit machen wollte, würde ich die Linie noch weiter hochziehen und den Weg abschneiden. Wenn es aber jemand mit Gewalt versuchen will, würde ich die ganze Ecke schwarz machen und von da aus wie von einer Abstoßrampe den anderen aus dem Feld schieben. Es folgen ausführliche technische Erläuterungen über die einzelnen Funktionen verschiedener Abstoßrampen. Dann noch ein Nachsatz: Ich könnte natürlich von der schwarzen Ecke auch keilförmig nach außen stoßen. Das wäre dann noch wirksamer.

Zu der Aussage *„Angriff"* kommen keine neuen Kommentare, weil sich für den Zeichner sichtlich keine Unterscheidungen zwischen Wut und Angriff anbieten. Er fährt vielmehr mit der Strategie von Wut fort und kommt auf diese Weise mit der gestalteten Form in größere Nähe und ein besseres Gleichgewicht zu seinen interpretierenden Worten: Mein Kampf geht auf der ganzen Linie gegen die Obrigkeit! Die wird schon aufgespießt, ehe sie mich erdrücken kann. Auf die Frage des Therapeuten, wie es denn mit der Widerstandskraft der Basislinie bei dem Angriff bestellt sei, kommt die Antwort: Sie können ganz beruhigt sein, die ist gut gepolt.

Bei der Aussage *„Angst"* bemerkt der Zeichner sichtlich selbst das Mißverhältnis der optischen Form zu dem, was er damit aussagen will und beginnt die Übersetzung mit den Worten: Das kann natürlich aufgefaßt werden, als wenn sich jemand in die äußerste Ecke verkriecht, weil er vor Angst nicht mehr weiß wohin er soll. Das hier ist aber das Gegenteil. Der Punkt zieht sich auf die äußerste Ecke zurück, um den Gegner irre zu führen. Der glaubt dann, er ist ganz sicher, und ich kann zuschlagen wie ich will.

Beispiel 4

Erst auf dem Hintergrund der vorangegangenen 3 Auseinandersetzungen der Zeichner mit Form und Aussage scheint uns dieser Versuch in seinem vollen Ausmaß einsichtig, einfühlbar.

Beispiel 1

Beispiel 2

Beispiel 3

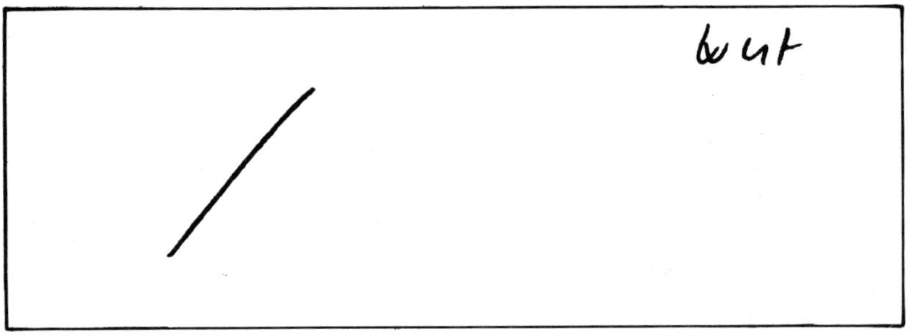

Beispiel 4

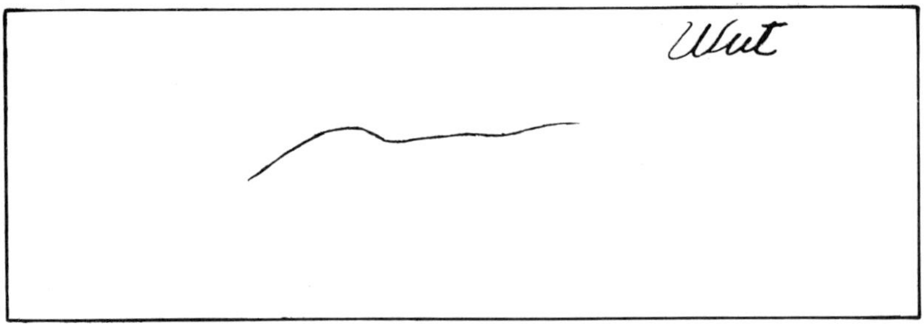

Abb. 8 Bezogenheit der Reizworte zur Symptomatik (Fortsetzung S. 49 u. 50)

Beispiel 1

Beispiel 2

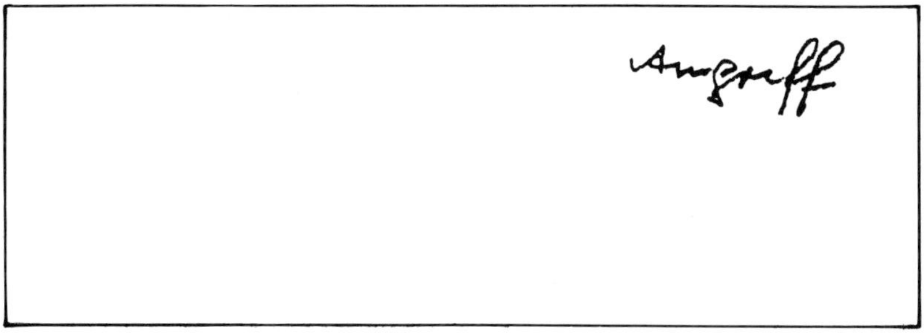

Beispiel 3

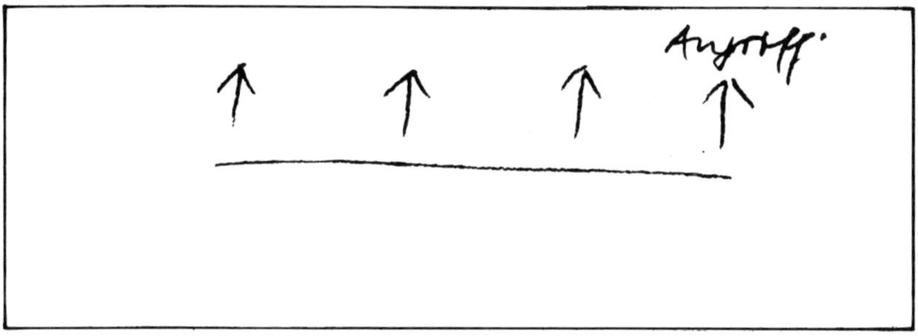

Beispiel 4

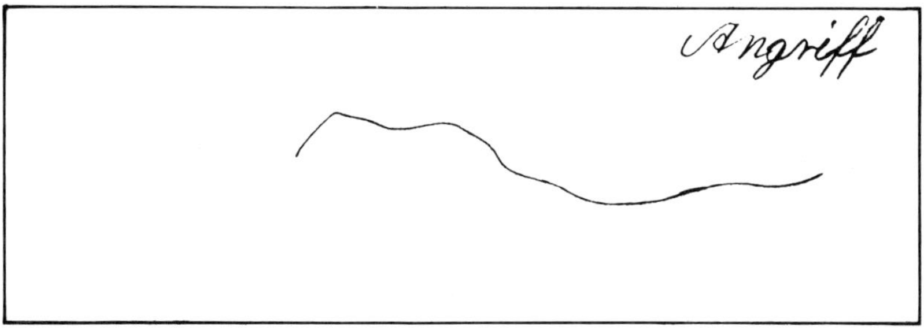

Beispiel 1

Beispiel 2

Beispiel 3

Beispiel 4

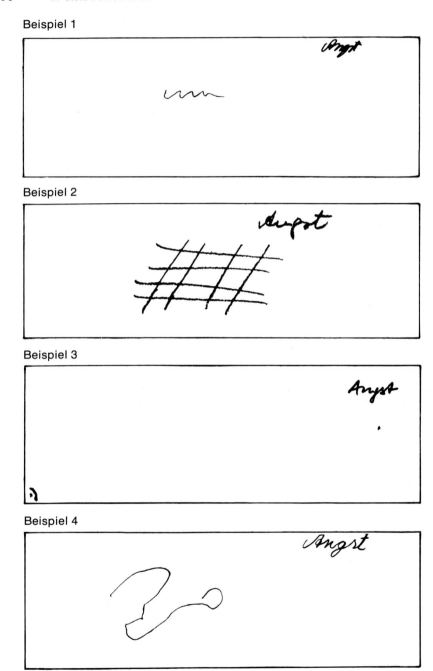

Abb. 8 Bezogenheit der Reizworte zur Symptomatik (Fortsetzung)

Der Zeichner ist ein 17 1/2 Jahre alter Kaufmannslehrling, Sohn eines Oberlehrers, der uns vom Jugendgericht wegen vielfacher Rückfälligkeit in Vagabundieren und Stehlen (immer im Alleingang) zur Untersuchung überwiesen wurde. Auffallend an seiner Erscheinung war, daß er entgegengesetzt zu seinem von früher Kindheit an mit Strafen und Diffamierungen gepflasterten Lebensweg, ausnehmend fröhlich, gesund und aufgeschlossen wirkte.

Dem Versuch stellte er sich ohne jedes Zögern, und zeichnete mit großer Konzentration und vollem Ernst. Um so verwunderlicher war es für den Therapeuten zu beobachten, daß die einzelnen Formen in der Zuordnung zu dem gegebenen Reizwort kaum unterscheidbar wurden und bei einem späteren Wiederholungsversuch sich die Zufälligkeit und Austauschbarkeit der Formaussagen bestätigte.

Verdichtet wurde dieses Bild der unkonstituierten und unkonturierten Welt des Zeichners dann noch einmal in dem anschließenden Versuch der Interpretation seiner Zeichen.

Zu „*Wut*" sagt der Zeichner: „Ja – das soll meine Wut sein." Auf Nachfragen des Therapeuten kann er keine andere Auskunft geben als: „Das weiß ich auch nicht" – oder – „Wie soll ich das wissen".

Zur Interpretation des Reizwortes „*Angriff*" fällt dem Zeichner überhaupt nichts ein. Auf die Frage, warum die Linie wohl so weit vorne, fast in der Mitte des Zeichenfeldes beginnt, lautet die Antwort wieder: „Das weiß ich doch nicht." Und ob sie wohl auch gleich vom linken Rand her kommen könnte, antwortet er: „Warum nicht?"

Dafür aber kommt bei dem Reizwort „*Angst*" eine spontane Freude über den „Kringel" am Ende der Linie zum Ausdruck, gefolgt von der Assoziation „Hundeschwanz, wenn er was Gutes zu Essen kriegt".

Über das Unkonstituierte der Formen (handelnde Bewegung im Raum) und das Unformulierte im Versuch der Interpretation hinaus sehen wir nun noch eine weitere Veränderung: Nicht die festgehaltene Bewegung in der zeichnerischen Aussage bestimmt die Formulierung der Übersetzung, sondern die zufällige Form zwingt den Zeichner zur Identifizierung und bestimmt die Aussage. (Hundeschwanz – Kringel, der was zu Essen kriegt, bei Reizwort „Angst".) Es nimmt nicht wunder, daß jede Einflußnahme und Therapie an dem Zeichner vorbeiging, – er erhängte sich mit 24 Jahren während der Ableistung eines freiwilligen Wehrdienstes.

8. Wiederholung des Reizwortversuchs

Nach unseren Erfahrungen läßt sich der Zeichenversuch frühestens nach Ablauf eines Jahres wiederholen. Selbstverständlich wird sich je nach dem optischen Gedächtnis des Zeichners dieser durchschnittliche Zeitraum verlängern oder verkürzen lassen. Das Entscheidende bleibt, daß der Zeichner durch die Erinnerung an seine vormals gezeichnete Form nicht mehr fixiert ist und zu einer neuen, unvoreingenommenen Aussage gelangen kann.

Im folgenden zeigen wir Teile eines Versuches, den wir 1956/57/58 wiederholt haben (s. Abb. 9). Der Zeichner ist ein Student der Germanistik, 2. Semester, der

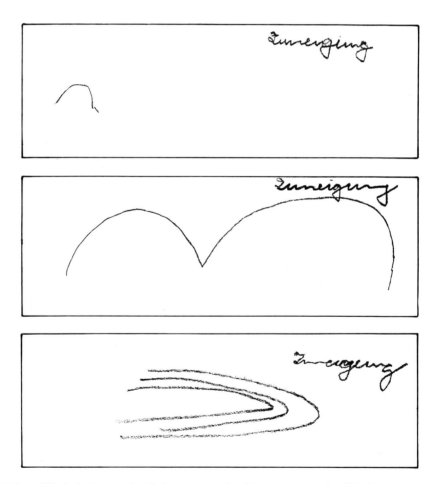

Abb. 9 Wiederholungen des Reizwortversuchs (Fortsetzung rechte Seite)

in totaler Vereinsamung mit schweren Kontrollzwängen belastet sein Studium nicht mehr fortsetzen konnte, weil er arbeitsunfähig war. Es zeigt sich an den Wiederholungen besonders eindrucksvoll, wie sich der Ablauf des Entwicklungsprozesses widerspiegelt. Nach der anfänglichen Unfähigkeit, sich des Raumes zu bemächtigen und Bewegungen auszudrücken, kann im 2. Jahr im Laufe der Übertragungssituation die Umwelt in Besitz genommen werden und erst im 3. Jahr der Behandlung kommt das Gegenüber, der Andere, in die Welt der Vorstellungen und des Kontaktes.

Der Zeichner, der im 1. Jahr keine Interpretation zu seinen zeichnerischen Aussagen geben konnte, bemerkt im 2. Jahr bei „*Zuneigung*", daß es ein

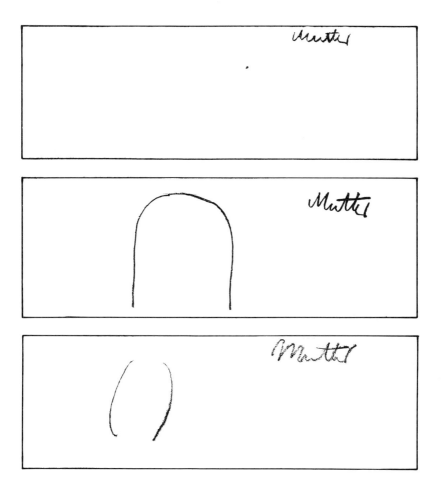

immerwährendes Geschütztsein ausdrücken sollte, während er bei dem Reizwort „*Mutter*" nur Türe oder Tor assoziierte. Im 3. Jahr der Behandlung, in dem sich die Lösung vom Therapeuten anzeigt, ist die Zuneigung aktiv nach außen gerichtet und hat für den Zeichner etwas mit dem Versuch einer Eroberung zu tun, die noch nicht gelungen ist. Bei „Mutter" dagegen sieht er die Gegenüberstellung zweier Linien, von denen er gerne die äußere sein wollte, aber es seiner Meinung nach im Augenblick noch nicht ist.

Ein 4. Versuch kam nicht mehr zustande, weil der Zeichner sich aus der therapeutischen Beziehung gelöst hatte.

II. Kontaktzeichnen

1. Einleitung

In dem vorangegangenen Reizwortversuch hat sich der Zeichner damit auseinandergesetzt, welchen Signalwert für ihn ein Punkt, eine Reihe von Punkten, eine Linie und deren Biegung, Unterbrechung oder Verstärkung, ihr Anfang oder Ende haben. Er hat erlebt, daß in seinem vorgegebenen, zeichnerischen Raum Aktion möglich ist für den Impuls, sich zurückzuziehen, nach vorne durchzustoßen, nach oben zu streben oder sich fallen zu lassen. Im folgenden soll nun mit dem Partner eine dialogische Begegnung im gemeinsamen freien Raum versucht werden – eine Kommunikation im zeichnerischen Ausdruck.

Zu diesem Zweck setzt sich der Therapeut dem Gesprächspartner an einem Tisch gegenüber und legt als Raum der Begegnung und als Aktionsfeld für die zeichnerischen Aussagen ein DIN A 4-Zeichenblatt auf den Tisch. Außerdem sind zwei Aquarellkästen und zwei Pinsel mittlerer Stärke zur Verfügung zu stellen. Nachdem die Absicht und der Wunsch, einen gemeinsamen Zeichenversuch der Begegnung zu unternehmen, mit dem Gesprächspartner hinreichend geklärt ist, beginnt der Therapeut ohne theoretische Einführung über den Ablauf des Versuches mit folgenden gleichbleibenden Worten:

> „Wir wollen jetzt auf diesem Blatt versuchen, Kontakt zu nehmen, zu dem wir statt der sonst üblichen Worte zeichnerische Aussagen benützen. Die Wahl der Farbe und der Form bleibt jedem dabei frei überlassen. Es unterliegt ebenfalls der freien Entscheidung, dem Partner zu antworten, ihn zu überhören, zu unterbrechen, sich ihm anzupassen oder seine eigene Form gegen ihn durchzusetzen. Die einzige Beschränkung besteht darin, daß sich jeder bemühen möchte, nichts Gegenständliches, kein Haus, keinen Baum, kein Gesicht zu zeichnen. Am Ende unseres Versuches wollen wir unsere Aussage in Worte übersetzen."

Übergangslos beginnt die Begegnung damit, daß der Therapeut einen mittelblauen Strich (aus drucktechnischen Gründen erscheint in den folgenden Abb. dieser blaue Mittelstrich ebenso wie die Antwortstriche im Schwarzdruck) in die Mitte des Raumes setzt und dazu bemerkt, daß hiermit die Begegnung eröffnet sei und dem Partner nun eine Antwort überlassen bleibt.

Im Laufe der Arbeit hat es sich erwiesen, daß es von großer Wichtigkeit ist, diese einführenden Sätze langsam, mit Präzision und vor allem gleichbleibend vorzutragen. (Letzteres gilt im besonderen Maße für die Gruppenarbeit, auf die wir später noch einmal gesondert zurückkommen werden). Nur auf diese Weise können die später häufig auftretenden Einwände: Ich dachte, ich ‚müßte‘ immer die gleiche Farbe nehmen – Ich ‚wußte‘ nicht, daß ich etwas anderes, eigenes machen durfte – Ich ‚mußte‘ doch antworten u. ä. mehr, bereits als Arbeit und Ausdruck des Unbewußten erkannt und eingeordnet werden.

Als ebenso zweckmäßig hat sich die Formulierung erwiesen, daß sich jeder ‚bemühen‘ möchte, nichts Gegenständliches zu zeichnen. Die Vermeidung eines Verbotes durch die tolerantere Forderung des Bemühens, ermöglicht in der anschließenden gemeinsamen Interpretation die Beobachtungen und Unterscheidungen, *wann* eine Aussage spontan und ungegenständlich gefunden wurde und wann, wo und warum sich an anderer Stelle das Ungegenständliche entzog und das Gegenständliche unabweisbar wurde.

Es bleibt noch vorauszuschicken, daß im folgenden 14 zeichnerische Aussagen (7 für den Gesprächsleiter = GL und 7 für den Gesprächspartner = GP) ohne begleitende Interpretation vollzogen werden sollen. Die sich während des zeichnerischen Vorganges ergebenden Spannungen sollten auch im zeichnerischen Raum und Ausdruck selbst aufgefangen und wieder ausgedrückt werden. Verbalisationsversuche des Gesprächspartners werden also immer wieder Hinweise erfordern, wie etwa: Wir sprechen anschließend darüber, oder: Merken Sie sich bitte für später, was Sie eben sagen wollten, oder: Behalten Sie gut, was Sie empfunden haben. Ein Sprechverbot von vornherein in den einleitenden Sätzen aufzunehmen, hat der Erfahrung nach einen großen Teil der Gesprächspartner zu sehr in die Nähe der Test- oder Prüfungssituation versetzt und die Unvoreingenommenheit und Offenheit beträchtlich gemindert.

Zu der nun folgenden Übersicht typischer Antworten und deren Interpretationen auf die Eröffnung des Gespräches mit dem blauen Strich sei bemerkt, daß es sich keinesfalls um eine erschöpfende Darstellung der möglichen Antworten handelt. Es wird sich außerdem immer wieder zeigen, daß auch bei zunächst augenfälliger Ähnlichkeit der Aussagen kleine Akzente so verschieden gesetzt sind, daß keine zeichnerische Begegnung wirklich der anderen vollkommen gleicht. Vor allem sei an dieser Stelle noch einmal davor gewarnt, die angeführten oder später angesammelten Zeichen in Kategorien oder Stereotypen zu ordnen und damit in die Nähe von Testvorstellungen zu geraten. Selbst bei dem unerwarteten Fall, daß sich zwei Antworten bis in die Akzente hinein gleichen, gibt es keine Gewähr dafür, daß auch die gleichen Impulse von den Zeichnern damit signalisiert worden sind.

Ein Beispiel: Zwei verschiedene Gesprächspartner (GP) antworteten auf den

ersten blauen Strich mit beinahe vollendeter Gleichheit – auch der Akzente in
Farbe, Linienstärke, Schwingung, Anfang und Ende in nachstehender Weise.

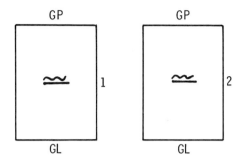

Der optisch vollendet gleiche Ausdruck der geschwungenen blauen Linie wurde
in der Interpretation von dem ersten Zeichner als Unsicherheit, Ängstlichkeit
bis hin zur Vorstellung des Zitterns übersetzt. Der zweite Zeichner aber
erklärte: „Ich wollte Ihnen sagen, wie starr Ihr Auftreten auf mich wirkt und
Ihnen zeigen, wie man es viel schöner und liebenswürdiger machen kann."

Erst durch die Interpretation des Zeichners selber werden also die vor uns
liegenden Chiffren entschlüsselt, und erst durch die Mitteilung an den Partner
werden sie aus dem noch anonymen Bereich in die personale, emotionale
Begegnung gebracht. Die Zeichen ohne Interpretation sind leblose, anonyme
Gestalten! Am ehesten wird man der zeichnerischen Aussage wohl gerecht,
wenn man ihr wie einem Traumbild begegnet, das auch erst in der personalen
Kommunikation seinen Code gänzlich freigeben kann und die Dechiffrierung
ermöglicht.

Die später aufgeführten zeichnerischen Antworten auf den ersten blauen Strich
und deren Interpretation durch die jeweiligen Zeichner setzen voraus, daß der
Gesprächsleiter (GL) z. B. der Vorstellung zustimmen konnte, daß der blaue
Strich in etwa ausdrückt:

> „Ich wollte Ihnen hier guten Tag sagen, so als wenn ich zu Ihnen in ein
> Eisenbahnabteil steige – oder auch nur ganz einfach: Hier bin ich."

In der abschließenden gemeinsamen Interpretation der gesamten zeichnerischen
Begegnung ist es wichtig, daß der Gesprächsleiter sich trotz des vorgeplanten
Ablaufes mit der jeweiligen Aussage seines Zeichens identifizieren kann. Es ist
selbstverständlich, daß auch der Gesprächsleiter Akzentuierungen seiner
Aussage nicht ausweichen sollte, die sich in ihm dem Partner gegenüber
einstellen. Hätte er das Empfinden, sein Gegenüber sei übergriffig, machte sich
breit, sei übermächtig, würde er es z. B. in einem ausladenderen, kräftigeren

blauen Strich ausdrücken: „Ich wollte Ihnen guten Tag sagen, aber außerdem meine Hälfte im Eisenbahnabteil sehr deutlich von Ihnen abgrenzen, für mich alleine behalten." Gegenteilig wäre der Impuls einem spürbar schüchternen Partner gegenüber. Hier würde die zartere, weniger ausladende blaue Linie aussagen: „Ich möchte guten Tag sagen, Sie aber nicht stören, möglichst wenig fordernd in Erscheinung treten." Selbst wenn optisch die jeweiligen Akzente nicht deutlich genug dargestellt oder wahrgenommen werden, sollte der Gesprächsleiter nicht versäumen, sie in der Interpretation offen darzulegen. Es ist dies eine wichtige Voraussetzung, die Spannung in der Begegnung und Intensität in der Kommunikation zu erreichen und zu erhalten.

Für den Fall, daß ein Gesprächsleiter Widerstände empfindet, das Gespräch mit dem blauen Strich zu eröffnen oder eine der später vorgesehenen Aussagen nachzuvollziehen, weil es seiner eigenen Haltung widerstrebt, einem Partner in dieser Weise gegenüberzutreten, *sollte er diesen Versuch nicht ausführen!* Es ist durchaus im Sinne dieser Arbeit, daß mit anderen, neuen Zeichen andere, neue Begegnungen erlebt werden können. Um so genauer aber sollte der Ablauf, der die innere Gesetzmäßigkeit *dieser* Begegnung bestimmt, eingehalten werden.

Es erscheint nun noch unbefriedigend, den Gesprächspartner zu ausschließlich an seine einmalig gegebene, hier sichtbare Antwort zu binden, die aus der momentanen Situation heraus oder der spezifischen Beziehung zu dem jeweiligen Gegenüber einseitig oder ungenau sein kann. Aus diesem Grund zeigen wir dem Gesprächspartner nach der Interpretation seines eigenen Zeichens noch eine Reihe möglicher, anderweitig erfahrener Antworten (Abb. 10). Dieses Angebot wird dem Gesprächspartner mit der Aufforderung vorgelegt oder vorgezeichnet, eine weitere positiv und eine negativ anmutende Reaktion zu bezeichnen, wobei die Wahl selbstverständlich auch wieder auf die eigene, eben gegebene Antwort fallen kann. Es sollte damit die Sicht und die Phantasie für das Andersartige, und somit eine Erweiterung der kommunikativen Möglichkeiten angeregt werden. (S. 66)

2. Zeichengespräche

a) Gesprächsteil 1/2

Kontaktfrage: Distanz, Beispiele 1–6 (Abb. 10)

Das nachfolgende Interpretationsgespräch setzt hier, wie in allen anderen Gesprächsteilen, die Aufschlüsselung der eigenen Aussage des Gesprächsleiters an den Anfang des gemeinsamen Gespräches.

Die Interpretation des Gesprächsleiters für den blauen Strich hat etwa folgenden Wortlaut:

> „Ich wollte Ihnen hier guten Tag sagen, so als wenn ich zu Ihnen in ein Eisenbahnabteil steige – oder auch nur ganz einfach: Hier bin ich".

Beispiel 1

GL:
Ich wollte Ihnen . . .

GP:
Ich wollte Ihnen auch „guten Tag" sagen (Antw. 1).

GL:
Ist Ihnen noch in Erinnerung, warum Sie dazu Blau genommen haben?

GP:
Ja, es ist die Farbe die schon da war. Ich wollte so neutral wie möglich sein – mich nicht zu erkennen geben. Es ist so meine Art: immer erst mal abwarten.

GL:
(Zeichnet oder zeigt weitere andere Antworten aus

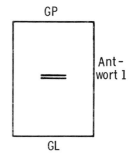

Fremdbeispielen auf und gibt die Interpretation der
jeweiligen Zeichner andeutungsweise wieder). Fragt
dann:

Erscheint Ihnen unter den hier aufgezeigten weiteren Beispielen jetzt eine Antwort besser als Ihre
– und welche müßten Sie für sich ganz ablehnen?

GP:
Am unmöglichsten erscheint mir dieses hier
(Antw. 2).

GL:
Und warum?

GP:
Weil es zu viel Kraft kostet, den anderen so
einzukreisen, und außerdem ist es riskant.

GL:
In welcher Richtung riskant?

GP:
Na, man weiß ja nicht, ob sich das lohnt, was man da
einfängt.

GL:
Und finden Sie eine Lösung besser als die Ihre?

GP:
Eigentlich nicht. Die anderen haben sich alle schon
zu erkennen gegeben. Das finde ich schlecht.

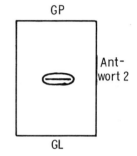

Beispiel 2

GL:
Ich wollte Ihnen . . .

GP:
Ich wollte genauso wie Sie guten Tag sagen, aber
mit Rot, das soll heißen, daß ich ein anderer bin.
(Antwort 3).

GL:
Warum ist der andere rot? – Wäre die Farbe
austauschbar?

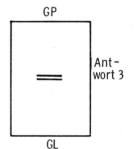

GP:

Nein. Das soll der größte Kontrast sein zu Blau. Ich wollte auch nicht, daß meine Linie zu nahe an den blauen Strich kommt, das sollte ganz getrennt bleiben.

GL:

Erscheint Ihnen unter den hier aufgezeigten Antworten . . . ?

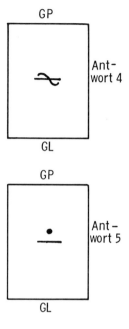

GP:

Ja. Ganz negativ finde ich z. B. Antwort 4. Das ist ja gerade, als wenn man sich dem anderen an den Hals wirft. Hinten rausgeworfen und vorne wieder rein.

GL:

Und eine bessere Lösung?

GP:

Das leuchtet mir hier sehr ein. Darauf bin ich nicht gekommen (Antwort 5). Ich würde es allerdings dann blau machen. Der Kontrast liegt dann in der Form. Das genügt. So gefällt es mir sehr viel besser als meine Lösung.

Beispiel 3

GL:

Ich wollte Ihnen . . .

GP:

Ich wollte auch guten Tag sagen (Antwort 6).

GL:

Ihre Linie ist aber größer, geht bedeutend weiter rechts und links.

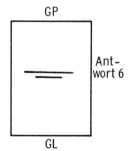

GP:

Ja, das stimmt.

GL:

Ich empfinde es so, daß es ein lauteres guten Tag ist; viel mehr Worte, eine längere Rede?

GP:
Nein, im Gegenteil. Ich wollte sagen, hier geht es nicht so leicht durch. In meine Hälfte kann man nicht so einfach, das sollen sie gar nicht erst versuchen.

GL:
Und warum haben Sie Rot genommen?

GP:
Rot ist Halt!, wie auf dem Sperrschild. Das sehe ich allerdings jetzt erst. Beim Malen habe ich das nicht gedacht.

GL:
Erscheint Ihnen unter den hier aufgezeigten Antworten ...?

GP:
Ich finde sie alle schlecht bis vielleicht auf diese. Der sagt gleich ehrlich, was er meint (Antw. 7).

Beispiel 4

GL:
Ich wollte Ihnen ...

GP:
Ich habe das guten Tag gar nicht empfunden. Ich fand nur den Strich hart, erdrückend und bedrohend. Außerdem ist mir Blau sowieso unsympathisch (Antw. 8).

GL:
Aber Sie haben dann *auch* Blau genommen zur Antwort. Ich hatte das Gefühl, Sie stimmen mir damit freundlich zu.

GP:
Das ist eben mein Unglück. Aus Angst sage ich Ja, ja, ja – und hoffe dann, daß man mich in Ruhe läßt. Die anderen verstehen das aber immer falsch.

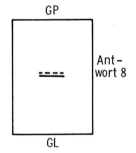

GL:
Könnten Sie sich jetzt vorstellen, was Sie zeichnen,
daß ich Sie nicht falsch verstehe?

GP:
Vielleicht doch einfach Rot nehmen, wenn ich das
Blau nicht leiden kann.

GL:
Erscheint Ihnen unter den hier aufgezeigten Antworten . . .?

GP:
Eine gute Möglichkeit erscheint mir Antwort 9.
Einfach offen abwenden – laß mich doch in Ruhe.
Wenn man großen Mut hat, sogar noch mit Rot.
Antwort 10 finde ich albern – klebrig – habgierig.

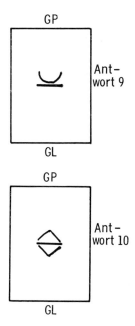

Beispiel 5

GL:
Ich wollte Ihnen . . .

GP:
Ich habe Ihren Strich schon so ähnlich empfunden
wie: Hier bin ich – aber auch wie: Mir kann keiner.
Es erschien mir fast anmaßend, so breitbeinig
dazustehen (Antw. 11).

GL:
Dann war Ihre Antwort gar nicht so liebenswürdig
wie sie für mich aussah. Mir kam es vor, als würden
Sie mir mit heiteren, freundlichen Worten begegnen.

GP:
Heiter und freundlich stimmt schon – darum habe
ich auch Rot gewählt. Aber nicht, um zu Ihnen
„freundlich" zu sein, sondern Ihnen zu zeigen, wie
starr Sie sind . . .
Ich habe als Kind schon immer gesungen, wenn
mich einer angeschrien hat.

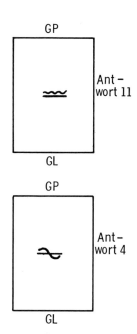

GL:

Erscheint Ihnen unter den hier aufgezeigten Antworten ...?

GP:

Besser finde ich Antw. 4, da kommt es klar heraus, wieviel schöner, bewegter, beschwingter eine Begegnung sein kann. Aber ich würde trotzdem bei meiner Aussage bleiben. Das Durchkreuzen würde ich nicht wagen.

Negativ finde ich Antw. 12. Da ist einer genau so starr wie der andere.

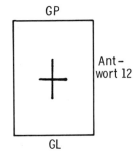

Beispiel 6

GL:

Ich wollte Ihnen ...

GP:

Ich fand den blauen Strich ängstlich und verloren in der Luft hängen, da wollte ich ihn auffangen (Antw. 13).

GL:

Und warum haben Sie das mit Rot gemacht?

GP:

Weiß ich nicht.

GL:

Hätten Sie auch Blau nehmen können, oder eine andere Farbe? Oder wäre das egal?

GP:

Nein, auf keinen Fall Blau. Andere Farben vielleicht, das weiß ich nicht.

GL:

Können Sie sich vorstellen, warum es mit Blau nicht geht?

GP:

Mit Blau, das wäre mir zu intim. Ich wollte ja helfen, aber nicht mich anbiedern.

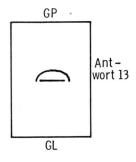

GL:
Erscheint Ihnen unter den hier aufgezeigten Antworten ...?

GP:
Ja – ganz einwandfrei: Antwort 1. Aber darauf komme ich eben nicht allein. Wenn da (Antwort 1) einer fragt, wann der Zug fährt, sagt er 9.13 Uhr. *Ich* renne gleich noch mit und passe dann auch noch auf, ob der andere gut in den Zug kommt. (Beispiele werden angeführt und neue Lösungen gesucht und verbalisiert, wie sie nach Antwort 1 aussehen würden.)

GL:
Und welches ist nun die allerschlechteste Lösung von allen?

GP:
Die Antwort 2. Der nimmt gleich alles auf seine Schultern und wird's nie wieder los.

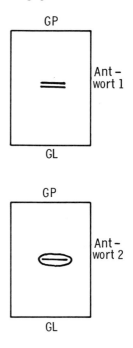

Zusammenfassung

Es scheint zum Verständnis der Arbeit in diesem Zusammenhang mitteilenswert, daß in den Anfängen des Versuches zur Eröffnung der Begegnung eine leicht geschwungene Linie in der Mitte des Raumes verwendet wurde. Dabei stellte es sich in kurzer Zeit heraus, daß die Aufforderung durch die vorgegebene, begonnene Bewegung so groß war, daß ein übergroßer Teil der Zeichner sich der Anpassung und Ergänzung nicht entziehen konnte und somit die Antworten sehr bald stereotyp wurden.

Wie sich nun aus dem vorangehenden, äußerst begrenzten Ausschnitt möglicher Antworten ersehen läßt, fordert die jetzt gewählte, unbewegte, blaue Linie in der Mitte des leeren Raumes den Zeichenpartner auf, sich mit dem Gefühl seiner Distanz auseinanderzusetzen. Er ist angesprochen, herauszufinden und auszudrücken, wie er diesem „Gegenüber" zeichnerisch begegnen kann oder will. Die Breite der Projektionsmöglichkeiten erweist sich als beinahe unbegrenzt. Sie kann sowohl zu Anpassung und Gleichklang auffordern, zum Schützen und Stützen aktivieren, als auch Abgrenzung (Ich : Du – meine Hälfte : deine Hälfte) und Selbstbehauptung schaffen, ja sogar Angriff und Vernichtung auf den Plan rufen.

Wie wir sehen, ist der Zeichner der Antwort 1 fast ausschließlich darauf bedacht, jedes Risiko in der Begegnung zu vermeiden. Durch die Wahl der Fremdantwort 2 erfahren wir dann, daß Risiko für ihn heißt, in der Begegnung nicht mehr zu geben als sich lohnt. Andere Gesichtspunkte haben für ihn noch keine Bedeutung.

Bei der gleichen Zeichenbewegung, aber in der Kontrastfarbe rot, drückt der Zeichner der Antwort 3 sein Bemühen um Abgrenzung innerhalb einer Begegnung aus. Für ihn gibt es im Gegensatz zum ersten Beispiel starke Auseinandersetzungen, die wir aus den Wahlantworten entnehmen können. Für ihn stellt die noch stärkere Abgrenzung der Antwort 5 eine Ideallösung dar, während Antwort 4 das ausdrückt, was er am meisten fürchtet: rausgeworfen zu werden und nachzulaufen.

Sehr aufschlußreich für die Form der Erstbegegnung ist die Antwort 6 im Beispiel 3. Für diesen Zeichner ist der blaue Strich primär eine Kampfansage und ruft zur Verteidigung der eigenen Hälfte auf. Aber erst in der Wahlantwort 7 kann ‚ehrlich‘ gesagt werden was er will: Angriff ist besser als Verteidigung.

Haben wir die Antwort 4 im Beispiel 2 als ein Sich-an-den-Hals-Werfen übersetzt bekommen, so erlebt die Zeichnerin der Antwort 11 die gleiche Chiffre als eine schöne, beschwingte Form der Bewegung. Sie würde sie der ihren sogar vorziehen, wenn nicht das Durchkreuzen dabei wäre, das durch die Starre der Haltung die Antwort 12 ganz unzumutbar macht.

Als verloren und ängstlich empfindet der Zeichner im Beispiel 6 die blaue Linie im Raum. In der Antwort 13 will er helfen, aber nicht anbiedern, wie etwa durch eine gleiche Farbe, und schon gar nicht alles auf die eigenen Schultern nehmen wie Antwort 2. Zu einem Erlebnis wird ihm die Antwort 1, in der er deutlich die Form der Distanz erkennt, die er für sich als richtig erachtet.

Zur Farbwahl der Zeichenaussagen steht, dem Grundgedanken dieser Arbeit folgend, auch hier allein die jeweilige eigene Interpretation des Zeichners zur gewählten Farbe als Aussage im Mittelpunkt des Interesses. Einer Verführung zur Deutung der Farben durch statistisch erworbene Mittelwerte, etwa rot als eine vorwiegend emotionale Aussage zu werten, oder blau einer rational denkenden Ebene zuzuordnen, sollten wir uns so weit als möglich entziehen.

Um so wichtiger werden dafür bei der Farbinterpretation die der Selbsterfahrung zugeordneten assoziativen, affektiven und emotional geprägten Aussagen, wie etwa: Das Rot erinnert mich an das Sofa meiner Großmutter, oder das Grün ist so giftig, daß es mir Angst macht, oder auch das Schwarz, das als dunkler Punkt im Leben, als Abweisung – Kraft – Trauer u. ä. m. erlebt wird.

Aufschlußreich für die differenzierende Rolle der Farbe in der Zeichenantwort

Gesprächspartner

Gesprächsleiter

Abb. 10 Zeichengesprächsantworten: Distanz Gesprächspartner

bleibt auch, wie in den Demonstrationsbeispielen aufgezeigt ist, das gemeinsame – oft differente – Erleben der Farbmitteilungen. Gemeinsam dadurch, daß gegebenenfalls auch der Gesprächsleiter seine eigene Beeindruckung durch die Farbe dem Zeichenpartner mitteilt:

Beispiel 4, Seite 62

GP:

. . . Ich fand nur den Strich hart, erdrückend und bedrohend. Außerdem ist mir Blau sowieso unsympathisch.

GL:

Aber Sie haben dann auch Blau genommen zur Antwort. Ich hatte das Gefühl, Sie stimmen mir damit freundlich zu.

GP:

Das ist eben mein Unglück. Aus Angst sage ich ja – ja – ja – und hoffe dann, daß man mich in Ruhe läßt. Die anderen verstehen das aber immer falsch.

GL:

Könnten Sie sich jetzt vorstellen, was Sie zeichnen, daß ich Sie nicht falsch verstehe?

GP:

Vielleicht doch einfach Rot nehmen, wenn ich das Blau nicht leiden kann.

Aber nicht immer können wir ähnlich aufdeckende Aussagen zur Farbe erwarten, oft müssen wir uns damit zufrieden geben, daß der Zeichner „halt" seine Lieblingsfarbe nimmt, oder wie im Beispiel 3, S. 61, Rot als Halt oder Sperrschild bezeichnet, ohne weitere Assoziationen zuzulassen. Diese Situation muß vom Gesprächsleiter sorgfältig registriert werden, damit er sie später im Zusammenhang ansprechen kann.

b) Gesprächsteil 3/4

Kontaktfrage: An- oder Aufforderung. Beispiele 7–12 (Abb. 11)

Nach der ersten Kontaktnahme mit der Antwort auf den blauen Strich beabsichtigt der Gesprächsleiter nun, sein Gegenüber in die Lage zu versetzen, sich in der Situation darzustellen, in der es darum geht, sich der An- oder Aufforderung gegenüber zu verhalten. Während des vorangehenden Gesprächswechsels sind in den meisten Fällen beim Partner emotionale Impulse erwacht, die ihn nun eine Fortsetzung des jeweils begonnenen Themas erwarten lassen. Auf diesem Hintergrund soll sich das „Fordernde" in der zeichnerischen Aussage des Gesprächsleiters besonders deutlich abheben, da er, ohne auf die bestehende Situation einzugehen, ein völlig neues Thema anschneidet, und auf diese Weise die Ein- oder Umstellung des Partners fordert und die Auseinandersetzung mit der Forderung oder seinen Widerstand. Die weitere und sichtbarere Forderung soll in der Unterbrechung der Linie selbst ausgedrückt sein. Die durch die Unterbrechung entstehenden Lücken können für den Partner eine selbstverständliche unabweisbare Forderung darstellen, sie in der ihm adäquaten Weise zu schließen; sie können ihn, besonders auf dem Hintergrund des fordernden Verhaltens des Gesprächsleiters, aggressiv stimmen, oder es kann weder die Lücke noch die fordernde Haltung des Gesprächsleiters wahrgenommen werden, weil sich der Gesprächspartner dem Wunsch, eigene Formen zu entwickeln, überläßt. Aber auch die entgegengesetzte Reaktion, die Aufforderung freudig begrüßen, weil der Rapport die eigene Gestaltung erspart, soll in diesem Gesprächsteil ausgedrückt werden können.

Zur Farbwahl für die unterbrochene Linie wird sich in den meisten Begegnungen Grün anbieten, weil es nach den in der Mehrzahl blau/blauen oder blau/roten ersten Gesprächsanteilen noch einmal eine Verdichtung der anfordernden Haltung des Gesprächsleiters ist, unkontinuierlich ein neues Thema aufzuwerfen. Nur für den Fall, daß die Antwort auf den blauen Strich grün ausgeführt wurde, muß eine andere Farbe (wenn möglich in roten Tönen, da Gelb und Schwarz für spätere Aussagen vorgesehen sind) für die Linie gewählt werden. Die Weiterführung des Gespräches auf eine grün gegebene Antwort in gleicher, ebenfalls grüner Farbe würde wohl kaum mehr die beabsichtigte abrupte, fordernde Haltung vermitteln, sondern anpassende Übereinstimmung ausdrücken.

Die *Interpretation des Gesprächsleiters* für seine eigene zeichnerische Aussage hat etwa folgenden Wortlaut:

> „Ich wollte durch die Unterbrechung der Linie vor unseren Augen Lücken entstehen lassen und Sie fragen, was das für Impulse bei Ihnen auslöst. Ob Ihnen die Lücken wichtig sind – in welcher Weise – und ob Sie sie überhaupt wahrgenommen haben."

Auf das Eisenbahnabteil übertragen würde ich sagen: „Hier zieht es" und Ihnen überlassen, ob und wie Sie darauf reagieren.

Beispiel 7

GL:
Ich wollte durch die Unterbrechung der Linie . . .
GP:
Ich habe die Lücken sofort gesehen, es war mir aber
unverständlich, was das sollte.
GL:
Mit Ihren Strichen haben Sie dann aber doch etwas
ausgedrückt? (Antw. 1)
GP:
Nein, eigentlich wollte ich nichts ausdrücken. Ich
wollte nur eine richtige Linie daraus machen.
Darum habe ich auch so lange gemischt, bis ich das
gleiche Grün hatte wie Sie.
GL:
(Zeichnet oder zeigt weitere andere Antworten aus
Fremdbeispielen auf und gibt die Interpretation der
jeweiligen Zeichner andeutungsweise wieder.) Er
fragt dann:
Erscheint Ihnen unter den hier aufgezeigten weite-
ren Beispielen jetzt eine Antwort besser als Ihre und
welche müßten Sie für sich ganz ablehnen?
GP:
Besser finde ich keine, weil es überall noch mehr
auffällt (daß die Linie unterbrochen ist). Am
schlechtesten finde ich Antwort 2. Das ist für mich
anmaßend, als wenn man jemanden auf seinen
Fehler festlegen will.

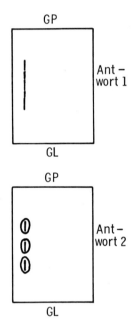

Beispiel 8

GL:
Ich wollte durch die Unterbrechung der Linie . . .
GP:
Ich habe die Lücken gleich gesehen und habe
gedacht, die *muß* ich schließen. Sie haben Sie darum
gemacht. (!) Antw. 3
GL:
Und warum haben Sie Rot dazu genommen?

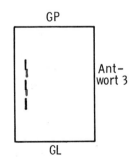

GP:
Das war meine Farbe von der Antwort vorher. Ich dachte zuerst, man *muß* immer bei der gleichen Farbe bleiben mit der man angefangen hat.

GL:
Erscheint Ihnen unter den hier aufgezeigten ...

GP:
Ich finde meine Antwort schon am besten. Wenn ich z. B. Grün genommen hätte (wie Antwort 1) hätte man denken können, daß ich gar nicht geantwortet habe. Die anderen Beispiele finde ich alle schlecht.

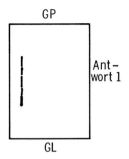

Beispiel 9

GL:
Ich wollte durch die Unterbrechung der Linie ...

GP:
Die Lücken haben mich sofort geärgert. Ich dachte – jetzt werde ich für dumm verkauft. (Antw. 4)

GL:
Dann drücken die braunen Striche Ihren Ärger aus?

GP:
Ja – aber jetzt ärgere ich mich noch mehr, daß ich überhaupt darauf eingegangen bin. Mein alter Fehler.

GL:
Erscheint Ihnen unter den hier aufgezeigten Antworten ...?

GP:
Ja – (Antwort 5). Der sagt, bei mir zieht's auch. Aber machen Sie das Fenster man alleine zu, wenn Sie das haben wollen. Das finde ich gut. Ganz schlecht ist (Antwort 6). Das ist für mich ein Radfahrer.
(Bemerkung: Der Zeichner dieses Beispiels ist 15 Jahre alt.)

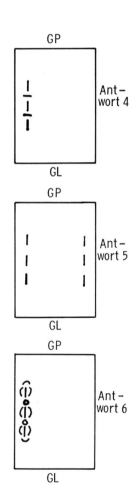

Beispiel 10

GL:

Ich wollte durch die Unterbrechung der Linie . . .

GP:

Die Lücken habe ich gar nicht so richtig empfunden. Ich dachte mehr, x-mal anfangen – nichts durchführen – nicht richtig sagen was man will – vielleicht typisch weiblich.

GL:

Und was sollte dann Ihr Strich sagen? Ich habe mich durch Ihr Grün sehr verstärkt gefühlt. (Antw. 7)

GP:

Verstärkt? So kann man es auch sehen. Ich wollte mehr sagen: Jetzt fassen wir es mal zusammen und sprechen in einem ganzen Satz.

GL:

Erscheint Ihnen unter den hier aufgezeigten Antworten . . . ?

GP:

Antwort 8 finde ich vielleicht noch wirksamer. Ich springe immer viel zu viel für den anderen ein. Die anderen fühlen sich dann noch wohl dabei – Antwort 9 finde ich widerlich, schleimig, unterwürfig.

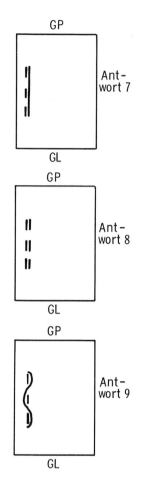

Beispiel 11

GL:

Ich wollte durch die Unterbrechung der Linie . . .

GP:

Als ich die Lücken sah, war ich heilfroh, denn da wußte ich gleich, was ich darauf machen konnte (Antw. 10).

GL:

Das Gefühl hatte ich auch: Als Sie die gelben Kreise so mit Schwung malten, dachte ich, jetzt werde ich gleich noch eingerahmt.

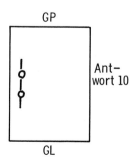

GP:
Das kann schon passieren. Ich kann nur nicht alleine anfangen. Z. B. ein Gespräch. Ich muß immer warten bis ich aufgefordert werde, bis ich Erlaubnis bekomme.

GL:
Erscheint Ihnen unter den hier aufgezeigten Antworten ...?

GP:
Wenn ich Mut gehabt hätte, würde ich so malen wie hier (Antw. 6). Aber das traue ich mich nicht. Ganz häßlich finde ich das, (Antwort 11) eigensinnig, unfreundlich.

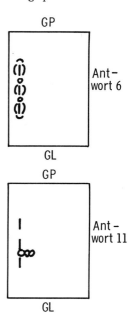

Beispiel 12

GL:
Ich wollte durch die Unterbrechung der Linie ...

GP:
Ich wußte überhaupt nichts damit anzufangen, habe nur die unmögliche Aufteilung auf dem Blatt gesehen, weder Lücken noch Striche. Ich dachte, damit sollen Sie allein fertig werden und wollte alles auf Ihre Linie zurückführen. (Antw. 12)

GL:
Wenn Sie jetzt nachträglich Ihre zeichnerische Aussage betrachten, fällt Ihnen dann eine Interpretation zu Ihrer Aussage ein?

GP:
Ja – aber das wollen Sie ja nicht. Eine Blume, die auf der Seite liegt.

GL:
Erscheint Ihnen unter den hier aufgezeigten Antworten ...?

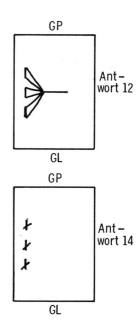

GP:

Antw. 14 finde ich prima. So eins mit der Peitsche um die Ohren knallen – wenn einer so dämlich dasteht. Ist mir aber leider nicht eingefallen. Antw. 15 finde ich lächerlich – weiß nicht warum.

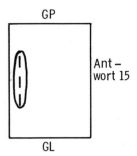

Zusammenfassung

Die anfänglich eindeutige und noch unvorbelastete Situation des Gesprächsteiles 1/2 ist in dem Gesprächsteil 3/4 vielschichtiger und affektbesetzter geworden. Der Zeichner sieht sich neben der Auseinandersetzung mit der unterbrochenen Linie nun noch der Entscheidung gegenüber, seinen vorher aufgenommenen Zeichenimpuls (Antwort auf den blauen Strich) weiter zu verfolgen, oder ihn zu opfern und sich erneut auf die Beantwortung einzustellen.

Nicht selten entstehen zur Vermeidung einer solchen Auseinandersetzung Antworten, in denen sich die Zeichner durch einen Rückzug in die eigene Hälfte der Entscheidung entziehen, und durch „Abwendung" mitteilen, daß sie weder der einen noch der anderen Anforderung nachkommen wollen. (Antw. 17, 18 Antworttafel S. 75.) Sehr genau zu unterscheiden sind diese Reaktionen von den in der Zeichenbewegung gleichartig anmutenden Antworten 13 und 16 auf der gleichen Antworttafel. Nur durch die Interpretation erfahren wir, daß diese Zeichner nicht Konfliktvermeidung signalisieren, sondern aus dem Wunsch, eigene Formen weiter zu entwickeln, ebenfalls auf die Anforderung nicht eingehen.

Der größere Teil der Zeichner aber sieht sich durch die Unterbrechung der Linie und die entstandenen Lücken spontan angefordert und zu einer Beantwortung aufgerufen. In selteneren Fällen werden weder die Unterbrechung der Linie noch vorhandene Lücken wahrgenommen, sondern nur drei einzelne Striche verzeichnet und als solche beantwortet. (Antworten 2, 14 S. 75.)

In den vorangehenden Beispielen hat der Zeichner der Antwort 1 im Beisp. 7 die Unterbrechung der Linie spontan wahrgenommen. Wie wir aus der Interpretation der Fremdantwort 2 erfahren, erlebt er den Zeichenimpuls des Gesprächsleiters als eine fehlerhafte Leistung oder ein Versagen, und sein Bemühen ist darauf gerichtet, den Fehler gutzumachen, und die Linie so unauffällig wie möglich zu reparieren.

Gesprächspartner

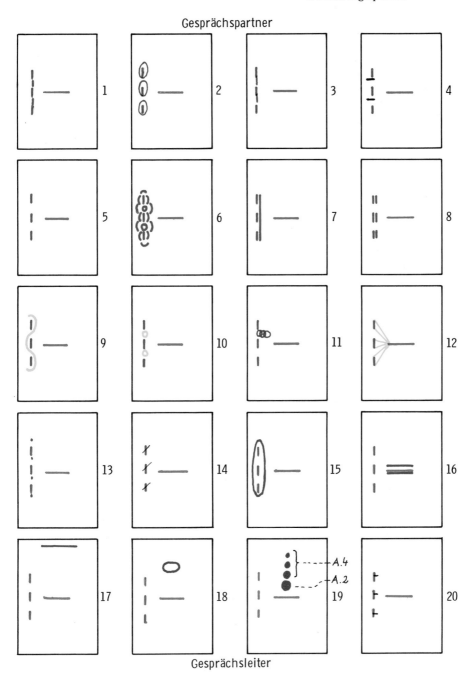

Gesprächsleiter

Abb. 11 Zeichengesprächsantworten: An- oder Aufforderung an den Gesprächspartner

In gleicher Weise werden auch im Beispiel 8 mit der Antwort 3 die Lücken der unterbrochenen Linie wahrgenommen und geschlossen. Der Zeichner aber erlebt hier die Lücken nicht als eine fehlerhafte Leistung oder ein Versäumnis des Gesprächsleiters, sondern sieht sich der Forderung ausgesetzt zu beweisen, daß er eine Antwort finden „muß". Auch das Rot seiner Antwort 3 ist nicht das Zeichen einer kleinen Freiheit, die er für sich in Anspruch nimmt, vielmehr steht er unter dem Eindruck, daß er immer die gleiche Farbe nehmen „muß".

Der Zeichner der Antwort 4 im Beispiel 9 fühlt sich dagegen durch die Unterbrechung der Linie „für dumm verkauft". Er drückt seinen Ärger darüber spontan und sichtbar durch die braunen Querstriche in seiner Beantwortung aus. Allerdings ist für den in Lösungskonflikten fixierten Schreinerlehrling doch noch zu viel Ehre in der Antwort. Er findet es dann besser, wie in der Antwort 5 zu sagen: machen Sie es doch allein, wenn Sie was wollen. Daß er dann die Antwort 6 entschieden als „radfahren" abweist, ist nachfühlbar und glaubhaft.

Im Beispiel 10 werden dem 29 Jahre alten Jurastudenten nicht Lücken sondern einzelne, unzusammenhängende Striche sichtbar. Er wollte aber nicht wie der Zeichner der Antwort 1 im Beispiel 7, den Fehler unauffällig gutmachen. Ihm lag daran, seinem Gegenüber eine kleine Lektion für besseren Ausdruck mit seiner Antwort 7 zu erteilen. In der Fremdantwort 8 sieht er dann einen noch wirksameren Weg der Zurechtweisung, da der andere sich nicht dem Irrtum hingeben kann, daß sein Einsatz stützend oder wohlmeinend gedacht sei. Im anschließenden Gespräch kommt ein aktueller Konflikt um eine zurechtgewiesene Freundin zur Sprache, die, wie er fürchtet, die unterwürfige, schleimige Haltung der Fremdantwort 9 von ihm anfordert.

In keiner Weise verärgert über die vorhandenen Lücken, sondern heilfroh darüber, zeigt sich die 38jährige Hausfrau im Beispiel 11 mit der Antwort 10. Bei der Gesamtübersicht am Schluß des Versuches bleibt sie an den Gesprächsteil 3/4 fixiert, weil sie dort ihre augenblickliche Familienproblematik zu erkennen glaubt. Sie selbst möchte so gerne für die anderen da sein, sie hegen und pflegen, wie in Antwort 6. Durch die ablehnende Haltung der Familienmitglieder wage sie das nicht mehr, und reduziert sich auf die Haltung der Antwort 10. In der Fremdantwort 11 findet sie ihren Sohn und ihren Ehemann gespiegelt, die ihr die eine Hand reichen und die andere entziehen. Was sie gefühlsmäßig aber am stärksten berührt, ist die Vorstellung, daß auch bei anderen Menschen gleiche Haltungen vorhanden sind, die sie so kränken, und daß sie mit ihrem Konflikt nicht allein dasteht.

Zum Schluß sei noch auf das Beispiel 12 hingewiesen, in dem besonders gut sichtbar wird, wie auf dem Wege der spontanen Zeichenaussage verdrängte Inhalte langsam vom Bewußtsein zugelassen und angenommen werden können.

GP:
. . .Ich wußte überhaupt nichts damit anzufangen.

GL:
Fällt Ihnen jetzt nachträglich etwas ein?

GP:
- - - Eine Blume die auf der Seite liegt.

GL:
Zeigt Fremdbeispiele

GP:
Das finde ich prima. So eine mit der Peitsche um die Ohren knallen, wenn man so dämlich dasteht. Ist mir leider nicht eingefallen.

In anschließenden Gesprächen konnte dem Zeichner seine eigene Aggressivität bewußt werden, und darüberhinaus die Wirksamkeit unbewußter Verbote. Nach der anfänglichen Sperre „Ich wußte überhaupt nichts damit anzufangen", wird die Antwort in die rationalisierende Ebene verlagert. „Eine Blume, die auf der Seite liegt", um dann erst am Fremdbeispiel die eigentlichen Impulse, in diesem Fall die eigentliche Aggression zuzulassen.

c) Gesprächsteil 5/6

Kontaktfrage: Angriff. Beispiele 13–18 (Abb. 12)

In Fortgang der Begegnung im gemeinsamen zeichnerischen Raum soll mit dem Gesprächsteil 5/6 die inzwischen entstandene, meist negative Spannung des Gesprächspartners noch gesteigert werden, und durch die Eindeutigkeit und Massivität des Zeichens zur Konfrontation auffordern.

War in Gesprächsteil 3/4 auf die stark anfordernde und unkontinuierliche Haltung des Gesprächsleiters noch gerade Anpassung, Einfühlung, Entgegenkommen möglich, soll durch den großen runden schwarzen Klecks, der im rechten unteren Feld des Gesprächspartners angebracht wird, unmißverständlich von dem Gesprächsleiter ein Angriff formuliert sein, der einem „Tritt in die Magengrube" gleichkommt. Es ist darum wichtig, diesen Kreis tiefschwarz darzustellen und in der Größe den schon vorhandenen anderen Zeichen im Raum so zuzuordnen, daß neben der Farbe und dem Standort auch die Größe grobe, plumpe Bedrohung ausdrückt.

Es ist – wie wir später sehen werden – auch hier wieder durchaus nicht gesagt, daß die vom Gesprächsleiter gegebene Mitteilung: „Angriff" von dem Gesprächspartner als solche erkannt und aufgenommen wird. Aber gerade durch die Eindeutigkeit der Mitteilung ist in diesem Gesprächsanteil wie in keinem anderen die Anatomie der Mißverständnisse als Störungsfaktor in der Kommunikation zu sehen und zu erleben.

Die Interpretation des Gesprächsleiters für seine eigene zeichnerische Aussage hat etwa folgenden Wortlaut:

> „Ich wollte Ihnen mit diesem schwarzen Kreis einen groben, dumpfen Schlag, einen Stoß in die Magengrube oder einen unerwartet harten Angriff vermitteln."

Beispiel 13

GL:
Ich wollte Ihnen mit diesem schwarzen Kreis einen groben, dumpfen Schlag . . .

GP:
Das habe ich gemerkt – ich dachte, das kann ich auch – und habe auch zugeschlagen. (Antw. 1)

GL:
Sie haben Ihren schwarzen Klecks ganz genauso groß gemacht wie meinen. War das Zufall oder war das wichtig?

GP:
Das sollte wie ein Schlagabtausch sein – nicht mehr und nicht weniger. So etwas wie beim Sport.

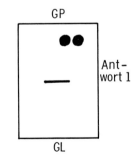

GL:
(Zeichnet oder zeigt weitere andere Antworten aus
Fremdbeispielen auf und gibt die Interpretation der
jeweiligen Zeichner andeutungsweise wieder). Fragt
dann:
Erscheint Ihnen unter den hier aufgezeigten weiteren Beispielen jetzt eine Antwort besser als Ihre und
welche müßten Sie ganz ablehnen?

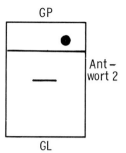

GP:
Ganz schlecht finde ich Antw. 2. Der schneidet sich
ins eigene Fleisch, denn er nimmt ja den Platz nicht
nur dem anderen, sondern auch sich selbst weg.
Besser finde ich keines, weil Auftrumpfen schlecht
ist. Aber vielleicht ist Antw. 3 noch ganz gut ----
sogar noch besser.

GL:
Warum besser?

GP:
Da ist die Garantie, daß man auf die andere Nase
boxt und nicht auf die eigene.

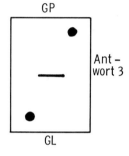

Beispiel 14

GL:
Ich wollte Ihnen mit diesem schwarzen Kreis einen
groben, dumpfen Schlag ...

GP:
Und ich wollte gleich sagen: „Nicht bei mir"! Ich
finde sowieso, daß Sie hier reichlich rumkomman-
dieren, wenn das Ganze wie ein Gespräch sein soll.
(Antw. 4)

GL:
Wenn ich mir Ihre Antwort ansehe, habe ich den
Eindruck, jetzt herrscht ein „anderes" Kommando!

GP:
Wieso – meinen Sie mich?

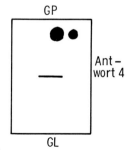

GL:
Ich meine, der kleinere hat keine große Chance.

GP:
Das hat er sich dann selbst zuzuschreiben. Damit muß man rechnen, wenn man anderen in den Bauch tritt.

GL:
Erscheint Ihnen unter den hier aufgezeigten weiteren Beispielen ...

GP:
Besser finde ich das hier (Antw. 5). Daß alle zusammenhalten, wenn einer brutal wird.

GL:
Wenn ich es richtig sehe, sind die da doch alle gleichgroß. Ist der eine trotzdem so viel kräftiger, oder warum müssen es so viele gegen den einen sein?

GP:
Ich kann ja auch gleich Antw. 6 gut finden – und mich prügeln lassen, bis ich nicht mehr zu sehen bin.

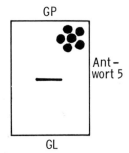

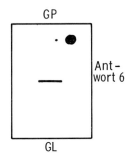

Bemerkung:
Zu diesem Zeitpunkt war der Patient so fixiert an die Vorstellung: Schlagen oder Geschlagenwerden, daß es längerer Gespräche bedurfte, bis er es wagte und lernte „hinzusehen", und andere Formen der Begegnung mit dem Angriff wahrzunehmen und einzufühlen.

Beispiel 15

GL:
Ich wollte Ihnen mit diesem schwarzen Kreis einen groben, dumpfen Schlag ...

GP:
Ich war sehr enttäuscht von Ihnen, als Sie das machten, besonders, nachdem ich Ihnen bisher so entgegengekommen war. (Antw. 7)

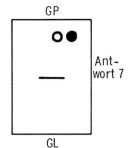

GL:
Ihre Enttäuschung habe ich gar nicht gefühlt. Mir war, als würde der offene Kreis mit dem leuchtenden Rot sehr einlade – mich, oder etwas anderes in sich aufnehmen zu können.

GP:
Das ist einerseits richtig – ich würde schon gerne vieles in mich aufnehmen. Aber natürlich keinen Tritt in die Magengrube.

GL:
Was hat für Sie denn der schwarze Kreis ausgedrückt?

GP
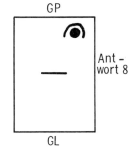
Ant-
wort 8
GL

GP:
So grob und plump als Angriff wie Sie es jetzt schildern, habe ich ihn nicht empfunden. Sehr rigoros – das stimmt. Sich um nichts anderes kümmern als um sich – für keinen anderen ein Auge haben. Schon beängstigend. Aber nicht brutal, eher sehr kraftvoll.

GL:
Erscheint Ihnen unter den hier aufgezeigten weiteren Beispielen . . .

GP:
Ich glaube Antw. 8 wäre eine bessere Antwort. Da ist der andere nach oben hin frei, aber man hat ihn doch angenommen.

GP
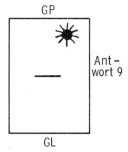
Ant-
wort 9
GL

GL:
Dann hat Ihr geschlossener Kreis doch etwas mit Einschließen zu tun?

GP:
Vielleicht, aber dazu habe ich nicht die Kraft wie Sie sehen – dann muß man eben bescheiden sein.
Darum würde ich auch Antw. 9 ganz ablehnen. Das erscheint mir aufdringlich – anspruchsvoll – einfach unbescheiden.

Beispiel 16

GL:
Ich wollte Ihnen mit diesem schwarzen Kreis einen
groben, dumpfen Schlag ...

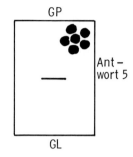

GP:
Das Gefühl hatte ich gar nicht, daß Sie mich treffen
wollten. Ich dachte mehr, da macht einer einen
großen Krach aus heiterem Himmel. (Antw. 5)

GL:
Verstehe ich Sie richtig, daß Sie dann auch Krach
gemacht haben?

GP:
Nein – dann hätte ich auch schwarz nehmen
müssen. Aber mit dem Gelb sollte es mehr heißen:
Das ist doch alles nicht so schlimm.
Zuhause bei uns war das immer so: Wenn mein
Vater anfing zu brüllen, sagte meine Mutter: „Ihr
wißt doch wie Vater ist, am besten nicht drum
kümmern." Dann ging es auch wirklich am schnell-
sten vorbei.

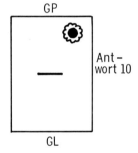

GL:
Erscheint Ihnen unter den hier aufgezeigten weiteren Beispielen ...

GP:
Wenn ich nicht an meinen Vater denke, sondern nur
an einen Angriff, z. B. von Ihnen, dann würde ich
Antw. 10 besser finden. Das würde zwar auch
heißen: Regen Sie sich doch nicht so auf, – aber ich
würde dann nicht noch laut anfangen zu singen.
Antw. 11 finde ich unerlaubt – jemanden einfach
einzusperren.

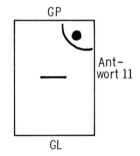

Beispiel 17

GL:
Ich wollte Ihnen mit diesem schwarzen Kreis einen
groben, dumpfen Schlag ...

GP:
Ja – das ist bei mir genauso angekommen. Ich war
sofort wahnsinnig wütend. Im ersten Augenblick
wollte ich das ganze Blatt schwarz machen – Wasser
rüber gießen und mit Schwarz drin rumrühren
– dann dachte ich, wenn ich eine Schere hätte, würde
ich den Kreis rausschneiden – dann wollte ich über
das ganze Blatt ein dickes schwarzes Kreuz ziehen
und schließlich hatte ich mich wieder soweit, daß ich
nur den Kreis schwarz durchgestrichen habe. Aber
dann kam die Wut doch noch einmal hoch, mit dem
Kreuz, das langte noch nicht. Da wollte ich alles
noch einmal auswischen – kaputtmachen (Antw.
12).

GL:
Was Sie da mit dem Kreis erlebt haben, hat das etwas
mit Ihrer Wut auch sonst zu tun? Kommt das Ihnen
bekannt vor?

GP:
Selbstverständlich – das passiert mir alle Augenblik-
ke – zum Glück nur in der Familie oder wenn ich
getrunken habe.

GL:
Wenn Sie jetzt noch einmal an den Kreis denken, ist
die Wut dann weg – oder könnten Sie nochmal von
vorne anfangen?

GP:
Warum soll ich daran denken, die Sache ist für mich
erledigt.

GL:
Erscheint Ihnen unter den hier aufgezeigten weiteren Beispielen ...

GP:
Also – Antw. 6 – der kann sich gleich aufhängen – da
kann ich gar nicht hinsehen.
Antw. 2 ist ein guter Einfall. Aber da ist Antw. 11
noch besser. Schon wegen dem Rot – das macht
mehr Eindruck.

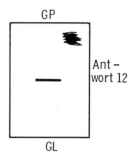

Ant –
wort 12

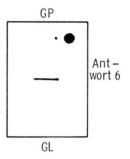

Ant –
wort 6

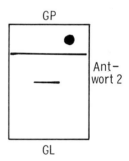

Ant-
wort 2

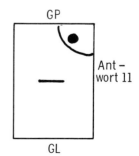

Ant –
wort 11

Beispiel 18

GL:

Ich wollte Ihnen mit diesem schwarzen Kreis einen groben, dumpfen Schlag . . .

GP:

So grob wie: Magengrube und dumpfen Schlag habe ich das nicht empfunden. Ich fühlte mehr: – wie unfreundlich – schlecht gelaunt – ärgerlich. Jemand, der große Sorgen hat, vielleicht auch noch! (Antw. 9).

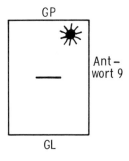

GP

Antwort 9

GL

GL:

Ich habe die Unfreundlichkeit ja nun sehr nahe zu Ihnen hin begangen – so nahe wie es ging, im Raum.

GP:

Das stimmt, das ist mir vorhin gar nicht aufgefallen. Da hätte ich mich eigentlich wehren müssen. Aber wenn ich ehrlich bin, habe ich mich sogar etwas geehrt gefühlt.

Das ist genau der Punkt: Ich denke immer, ich bin verantwortlich dafür, daß jeder gute Laune hat, daß alles harmonisch ist.

So etwas habe ich auch an Sonne gedacht mit den gelben Strahlen: „Unser Sonnenschein" – sagte mein Vater immer zu mir.

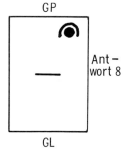

GP

Antwort 8

GL

GL:

Erscheint Ihnen unter den hier aufgezeigten weiteren Beispielen . . .

GP:

Antwort 8 kann ich gut verstehen. Das bewundere ich! Der traute sich zu, den anderen aufzufangen, sogar ihn zu tragen. Das muß schon ein sehr reifer Mensch sein.

Antw. 12 scheint mir nicht ganz in Ordnung, sonst kann man so etwas nicht tun.

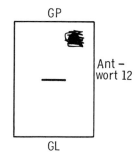

GP

Antwort 12

GL

Gesprächspartner

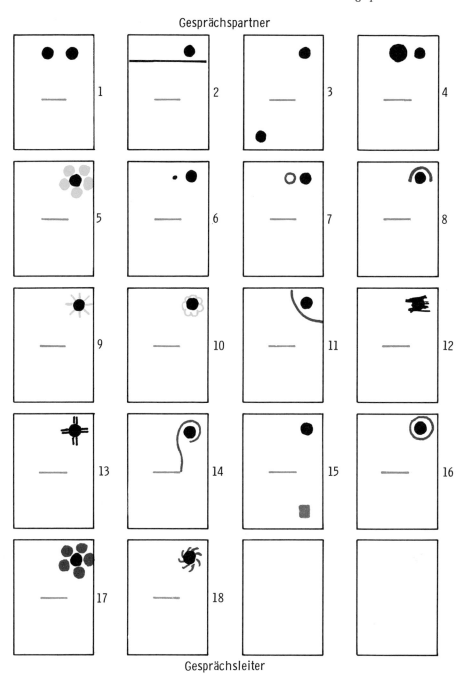

Gesprächsleiter

Abb. 12 Zeichengesprächsantworten: Angriff

Zusammenfassung

In der Einleitung zu diesem Gesprächsteil stellten wir fest, daß sowohl die Form des schwarzen, harten, in sich geschlossenen Kreises, als auch die spätere Interpretation durch den Gesprächsleiter von größerer Eindeutigkeit seien als in den Gesprächsanteilen vorher. Wenn der blaue Strich mit seiner Aussage: „Hier bin ich" – oder die Lücken der unterbrochenen Linie auf dem Hintergrund des unterbrochenen Gesprächsablaufes ebenfalls gezielte, aber eher anfordernde, erwartende Mitteilungen des Gesprächsleiters waren, so steht jetzt in Form, Farbe und der spezifischen Plazierung im Raum eine unübersehbar aufdringliche, aktive Aussage des Gesprächsleiters im Aktionsfeld: „Ich wollte Ihnen einen Schlag versetzen."

Trotz dieser kaum zu überbietenden Eindeutigkeit der Mitteilung, stoßen wir bei den Zeichenpartnern auf erstaunlich divergierende Wahrnehmungen und entsprechend unterschiedliche Antworten. Wenn auch eine große Gruppe der Zeichner den Kreis spontan als ein aggressiv-angreifendes Signal aufnimmt, und sich jeweils spezifisch dazu äußert, sehen wir uns einer zweiten, ebenso großen Gruppe gegenüber, die uns beinahe entgegengesetzte Wahrnehmungen in vielfältigen Variationen vermittelt.

So wird der schwarze Kreis, um bei unseren Beispielen 13–18 (S. 78–84) zu bleiben – in der Antwort 1 als positive Kraft akzeptiert und als Möglichkeit der Selbstdarstellung begrüßt (Schlagabtausch), während der Zeichner der Antwort 4 in dem schwarzen Kreis spontan eine Auseinandersetzung mit der Macht erlebt. Warum er so sehr gezwungen ist, seine Macht zu behaupten, können wir in der am Fremdbeispiel gewählten negativen Antwort 6 erkennen: „Dann kann ich mich ja gleich (wenn ich der kleine Punkt wäre) prügeln lassen, bis ich nicht mehr zu sehen bin."

Dagegen findet die Zeichnerin der Antwort 7 den Kreis „schon beängstigend", aber nicht brutal, eher kraftvoll. Vor allem ist der schwarze Kreis für sie eine persönliche Enttäuschung über den Gesprächsleiter, der damit zeigt, daß er das Entgegenkommen der Zeichnerin in den vorangegangenen Begegnungen sichtlich nicht bemerkt hat, und sie infolgedessen nicht, wie erwartet, prämiert. In der positiven Wahlantwort 8 findet die Zeichnerin dann die gelungene Darstellung für das, was sie aussagen wollte: „Der andere ist frei, aber man hat ihn doch angenommen." Allerdings zeigt das weitere Gespräch, daß zum Schließen des Kreises die Kraft noch nicht ausreicht und man bescheiden sein müsse. Daß die Auseinandersetzung hier noch nicht abgeschlossen ist, sondern viele offene Fragen zu weiteren Gesprächen drängen, zeigt sich mit Deutlichkeit.

Ganz anders benützt der Gesprächspartner des Beispieles 17 die zeichnerische

Begegnung mit dem schwarzen Kreis. Für ihn wird das Zeichenblatt selbst zum lebendigen Schlachtfeld, auf dem er seine Aggressionen ausphantasiert und, so weit als möglich, agiert (Antw. 12). Auch seine Wahlantworten 2 und 11 zeigen auf, daß es für ihn noch keine andere Möglichkeit zur Auseinandersetzung gibt als: vernichten – einsperren – gefangenhalten. Wie wenig er im Augenblick in der Lage ist, andere Formen zu finden und zuzulassen, macht uns seine Fremdwahlantwort 6, in der er das Ausmaß seiner Angst aufdeckt, verständlich: „Der (kleine Punkt) kann sich ja gleich aufhängen – da kann ich gar nicht hinsehen."

Ebenfalls zu einer konkreten Auseinandersetzung fühlt sich der Zeichner des Beispieles 16 aufgefordert. Für ihn „ist" der schwarze Kreis der Vater, und er erlebt an ihm eingefahrene Verhaltensweisen nach (Antw. 5). Selbst in dem Versuch, sich einem neuen Impuls zu öffnen (Antw. 10), wird die bekannte Begegnungsform nur variiert. Das ganz „Andere" (Antw. 11) ist unerlaubt (so etwas kann man mit Vätern nicht machen).

Zum Schluß ist noch ein Beispiel (18) aus der Gruppe der Zeichner herausgegriffen, denen der schwarze Kreis durchaus nichts Aggressives vermittelt, sondern eher schlechte Stimmung – Trauer – Angst – Sorgen anzeigt. So fühlt sich auch die Zeichnerin der Antwort 9 verpflichtet aufzumuntern, zu helfen oder in der positiven Wahlantwort 8 den anderen aufzufangen und als ganz reifer Mensch zu tragen. Die andere Seite des Spektrums: Sonnenschein sein und Freude machen als Antwort auf den schwarzen Kreis.

d) Gesprächsteil 7/8

Kontaktfrage: Zurücknahme. Beispiele 19–24 (Abb. 13)

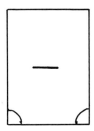

In Fortgang der Begegnung ist nun dem GL daran gelegen, nach den bisher ansteigend fordernden Haltungen (bis hin zu der aggressiven Äußerung: „Ich wollte Ihnen einen Schlag versetzen") dem GP jetzt Gelegenheit zu geben, seinerseits über den Raum zu verfügen, seinen Unmut über den bisherigen Verlauf der Begegnung zum Ausdruck bringen zu können oder eigene Formen zu entwickeln, um das Gleichgewicht der Aktivitäten wieder herzustellen. Nach dem Höhepunkt der aggressiven Zumutung an den GP will der GL jetzt eine stillere, bescheidenere Haltung an den Tag legen, sich (von dem GP her gesehen) auf die äußersten Ecken des Raumes zurücknehmen.

Um diesen Impuls noch sichtbarer und intensiver zu vermitteln, ist es wichtig, daß der GL die Zeichenbewegung so vollzieht, daß er jeweils an den beiden Außenseiten mit der Linie beginnt, um sie dann im Bogen an der Stirnseite der eigenen Blatthälfte – also auf sich selbst zurückführend – enden zu lassen. Damit soll zu der optischen Wahrnehmung des Vorhandenseins im Raum (an den äußersten entferntesten Ecken) durch den Bewegungsablauf zusätzlich der Eindruck vermittelt werden: „Ich ziehe mich zurück."

Auch die Farbe soll durch die Wahl einer pastell-hellgelben Tönung (wenn von GP als Antwort auf den schwarzen Kreis Gelb verwandt wurde, ein helles Grün wählen) das Unaggressive-Nichtfordernde des Zurückziehens noch einmal unterstreichen.

Die Interpretation der Zeichenaussage des Gesprächsleiters hat etwa folgenden Wortlaut:

> „Ich wollte mich nach meiner groben Äußerung vorher jetzt möglichst weit zurücknehmen, vom Blatt zurückziehen, um Ihnen den Raum zu überlassen.
>
> Mit dem hellen Gelb wollte ich ausdrücken, daß nichts Aggressives und Forderndes in meiner Haltung ist.

Beispiel 19

GL:
Ich wollte mich nach meiner groben Äußerung vorher . . .

GP:
Das habe ich sehr beleidigend gefunden, daß Sie sich aus dem Staub machen wollten. Die blasse Farbe hat für mich nur noch unterstrichen, daß Sie sich davonschleichen wollten, so unauffällig wie möglich (Antw. 1).

GL:
Und was sagen Ihre roten Punkte?

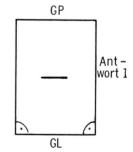

GP:
Meine Punkte sagen: Halt – ganz einfach Halt. Ich wollte den Fuß zwischen die Türe setzen und sagen: So geht es denn doch nicht – einfach verschwinden.

GL:
(Zeichnet oder zeigt weitere andere Antworten aus Fremdbeispielen auf und gibt die Interpretation der jeweiligen Zeichner andeutungsweise wieder). Er fragt dann:
Erscheint Ihnen unter den hier aufgezeigten weiteren Beispielen jetzt eine Antwort besser als Ihre und welche müßten Sie für sich ganz ablehnen?

GP:
Besser finde ich Antw. 2. Aber in Schwarz. Erstens wäre das noch ein Gegenschlag für vorher und zweitens ist es deutlicher.

GL:
Worin deutlicher?

GP:
Bei mir könnte es noch nach Bitten oder Nachlaufen aussehen. Bei dem (Antw. 2) gibt es da keinen Irrtum.
Ganz ekelhaft finde ich Antw. 3. Das ist noch mehr als Nachlaufen.

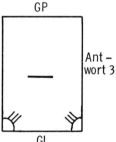

GL:
Was ist noch mehr als Nachlaufen?

GP:
Betteln.

Beispiel 20

GL:
Ich wollte mich nach meiner groben Äußerung vorher ...

GP:
Das habe ich gesehen. (Pause)

GL:

Sie haben die gleiche Form in der gleichen Farbe gezeichnet wie ich, nur in ihrem Feld. Wollten Sie auch das gleiche sagen? (Antw. 4)

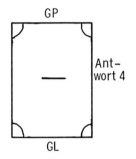

GP:

Das sollte heißen: Was Sie können – kann ich auch.

GL:

Und was können Sie auch?

GP:

Mich in die Ecke setzen, beleidigt sein und keine Antwort geben. Damit hat mich meine älteste Schwester schon zur Verzweiflung gebracht.

GL:

Ich wollte mich aber gar nicht beleidigt in die Ecke setzen – ich wollte Ihnen Platz machen, weil ich vorher so anspruchsvoll war.

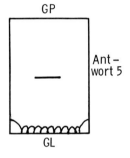

GP:

Das glaube ich nicht. (Pause)

GL:

Erscheint Ihnen unter den hier aufgezeigten weiteren Beispielen . . .

GP:

Wenn ich ehrlich bin, muß ich sagen, Antw. 5 finde ich sehr schön. Aber *ich* könnte es nicht machen. Das wünsche ich mir mehr für mich.

GL:

Was ist das „Schöne" daran?

GP:

Ich finde, der geht richtig auf den anderen ein. Ergänzt ihn, hilft ihm – ist jedenfalls ganz für ihn da.

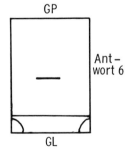

GL:

Und was würden Sie ablehnen?

GP:

Antw. 6 finde ich fürchterlich brutal. Ich denke da an Halsabschneiden.

Beispiel 21

GL:

Ich wollte mich nach meiner groben Äußerung vorher ...

GP:

Es war mir ganz unverständlich, warum Sie sich auf einmal so zurückziehen, nachdem Sie mir vorher so entgegengekommen sind. Ich dachte zuerst, ich hätte irgend etwas falsch gemacht – Sie gekränkt, ohne daß ich es wollte (Antw. 7).

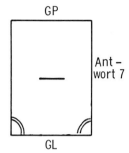

GL:

Sie haben dann meine Linien mit gleicher Farbe wiederholt. Können Sie einmal versuchen auszudrücken, was Ihre Linien sagen?

GP:

Vielleicht: „Ich habe ganz die gleiche Ansicht wie Sie – warum gehen Sie weg – bleiben Sie doch hier."

GL:

„Ich habe die gleiche Ansicht" – das habe ich auch bei Ihrer Antwort empfunden. Aber: Bleiben Sie doch hier oder gehen Sie nicht weg – hätte ich nicht gehört. Eher hätte ich gehört: Nehmen Sie mich mit.

GP:

Das sehe ich jetzt auch so. Aber ich könnte mir noch immer nicht vorstellen, wie ich es zeichnen sollte: Bleiben Sie doch hier, obwohl ich es gerne sagen möchte.

GL:

Erscheint Ihnen unter den hier aufgezeigten weiteren Beispielen ...

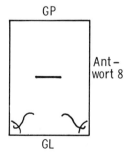

GP:

Das hier ist die Lösung, auf die ich nicht gekommen bin (Antw. 8)! Und dabei ist es so einfach. Ich wäre nicht einmal darauf gekommen, eine andere Farbe zu nehmen.

GL:

Wenn Sie jetzt noch einmal ganz von der Bewegung

im zeichnerischen Vorgang ausgehen, könnten Sie
sich vorstellen, warum sich Ihnen dieser Einfall
(Antw. 8) versagt hat?

GP:
Ich glaube, weil ich mich nicht getraut habe, über die
anderen Linien hinweg einfach in Ihre Ecken
einzudringen. Mir wird jetzt vieles klar –, auch was
Sie vorhin gesagt haben: Nehmen Sie mich mit.

Bemerkung:
Es folgt hier ein ausführliches Gespräch über die angesprochene Situation: eigene
Impulse nicht wagen auszudrücken, unter der Enttäuschung zu leiden, nicht oder falsch
verstanden zu werden und schließlich zur Konfliktvermeidung ausschließlich Anpassung zu vollziehen, bis die Phantasie für den eigenen Ausdruck verkümmert.

Beispiel 22

GL:
Ich wollte mich nach meiner groben Äußerung
vorher ...

GP:
Daß Sie mir Platz machen wollten, habe ich
verstanden. Ich fand es aber fast übertrieben bescheiden von Ihnen. Es war mir eigentlich mehr
peinlich als angenehm (Antw. 5).

GL:
Ihre Antwort hinterließ in mir eine Unsicherheit:
Von der Form her hatte ich den Eindruck, Sie
wollten sich ganz mit mir solidarisieren. Mit der
Farbe aber (starkes Rot) setzen Sie sich dann stark
von mir ab. Sehe ich das richtig?

GP:
Sie sehen es richtiger als es mir beim Zeichnen klar
war. Bewußt sollte es heißen: Ich habe Ihre Bescheidenheit bemerkt –, neutral registriert. Aber jetzt

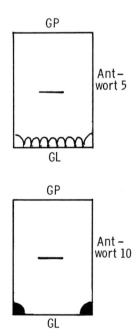

fühle ich schon, daß ich Ihnen auch die Schau
stehlen wollte. Die Bescheidenheit etwas lächerlich
machen. Wenn ich es mir richtig ansehe, habe ich Sie
ja ganz schön in die Ecke gestellt. Aber – nicht
bewußt.

GL:
Erscheint Ihnen unter den hier aufgezeigten weiteren Beispielen . . .

GP:
Antw. 10 finde ich gut. Weil der ganz einfach sagt:
Was soll die Bescheidenheit – so geht es nicht weiter.
Aber dazu fehlt mir noch sehr viel.
Am schlechtesten finde ich Antw. 13. Der will und
kann nicht.

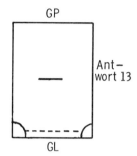

Beispiel 23

GL:
Ich wollte mich nach meiner groben Äußerung
vorher . . .

GP:
Ihre Antwort hat mich so wütend gemacht, daß ich
am liebsten eine Schere geholt hätte, um Ihre Ecken
vom Blatt abzuschneiden.

GL:
Können Sie mir zeigen, was Sie so wütend gemacht
hat?

GP:
Das sehen Sie doch selbst. Da kann man doch gar
nichts antworten, wenn einer sich in die Ecke stellt
und einem den Rücken zudreht. Da kommt man
doch einfach nicht mehr ran – höchstens man
winselt so lange bis er sich wieder umdreht.

GL:
Erscheint Ihnen unter den hier aufgezeigten weiteren Beispielen . . .

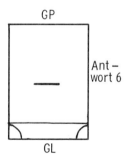

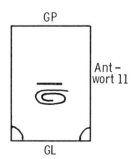

GP:
(Nach langer Pause) Das sind alles Radfahrer, einer
wie der andere. Höchstens Antw. 11 wäre noch eine
Möglichkeit – sich gar nicht drum kümmern. Aber
dann würde ich es so machen (Antw. 14). Das wär'
sogar besser als mein Strich, den ich gemacht habe.

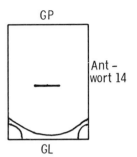

Beispiel 24

GL:
Ich wollte mich nach meiner groben Äußerung
vorher . . .

GP:
Entschuldigen Sie – aber diese Zeichen habe ich als
eine glatte Gemeinheit empfunden. Erst ganz groß
kommen mit dem schwarzen Kreis, und dann
– wenn man voll einsteigt – mit „zartem Gelb"
abrücken, als ob nichts gewesen wäre (Antw. 15).
Wenn das meine Frau mit mir machen würde, die
hätte nichts zu lachen.

GL:
Mir scheint – ich habe hier auch nichts zu lachen,
denn meine „zarten Linien" sind so gut wie
verschwunden vom Blatt (durch das ausfüllende
Braun der Ecken)

GP:
Ja und – Sie wollten doch weg.

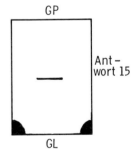

GL:
Ich wollte mich zurücknehmen, um Ihnen Platz zu
machen – Raum zu überlassen.

GP:
Dann ist ja alles in Ordnung – ich habe eben den
Platz in den Ecken gewollt.

GL:
Da ist ja noch ein großer freier Raum in der Mitte
– der ist für Sie nicht interessant?

GP:

Höchstens, daß ich den auch noch braun machen
würde.

Bemerkung:

Der Versuch wird an dieser Stelle abgebrochen, weil der
Gesprächspartner das unbedingte Bedürfnis hat, aktuelle
Situationen zu berichten, die ihn in gleicher Weise affektiv
überfluteten, wie er es eben in der zeichnerischen Begegnung erlebt hat.

Zusammenfassung

Bevor wir wieder auf die Betrachtung einzelner Beispiele eingehen, sollte eine in
diesem Gesprächsteil häufiger auftretende Reaktion genannt werden. Wir haben
versucht, sie in der Antwort 16 (Antworttafel S. 96) anzudeuten: der Zeichner
reagiert auf die Mitteilung des Gesprächsleiters weder positiv noch negativ, er
benutzt auch nicht voller Genugtuung den freien Raum wie Antwort 11 auf der
gleichen Tafel, sondern er bleibt, ohne dabei einem wichtigen, eigenen Impuls
zu folgen, bei seinen eigenen Aussagen, um auszudrücken: ich gebe keine
Antwort – ich sage dazu nichts.

Die fehlende Reaktion ist für uns jedoch insoweit eine wichtige Aussage, als sie
uns die Beobachtung und Interpretation darüber ermöglicht, welche der
Mitteilungen im Laufe des gesamten Kontaktversuches für den Zeichner
stärkeren – schwächeren oder gar keinen Aufforderungscharakter aufweisen,
d. h. in welcher Situation er sich entzieht, wo er spontan bis widerstandslos
antworten kann oder muß, bzw. wo er überhaupt nicht wahrnimmt. Es kommt
also bei dem Ausfall einer Antwort immer darauf an, zu differenzieren
(gegebenenfalls durch Nachfragen zu klären) aus welchen inneren Gründen die
Beantwortung ausblieb:

    a) aus *mangelndem Aufforderungscharakter* der Chiffre für den Zeichner
    b) aus einem *affektiven Nachholbedarf* aus früheren Gesprächsteilen
       (besonders häufig bei verdrängter Antwort auf den schwarzen Kreis)
    c) aus dem unabweisbaren Wunsch nach *Durchsetzung eigener Formen.*

Betrachten wir jetzt die vorangegangenen Beispiele 19–24 inhaltlich, so können
wir feststellen, daß von einem verhältnismäßig hohen Anteil der Zeichner die
Mitteilung des Gesprächsleiters übereinstimmend als ein Sich-Zurücknehmen,
Sich-in-die-Ecke-Stellen oder – Sich-Verkriechen aufgenommen wurde. Die
größere Unterschiedlichkeit liegt in diesem Gesprächsteil also nicht so sehr in
der Wahrnehmung der Zeichenmitteilung als in der Vorstellung des einzelnen
über die Motivation zu dieser Bewegung.

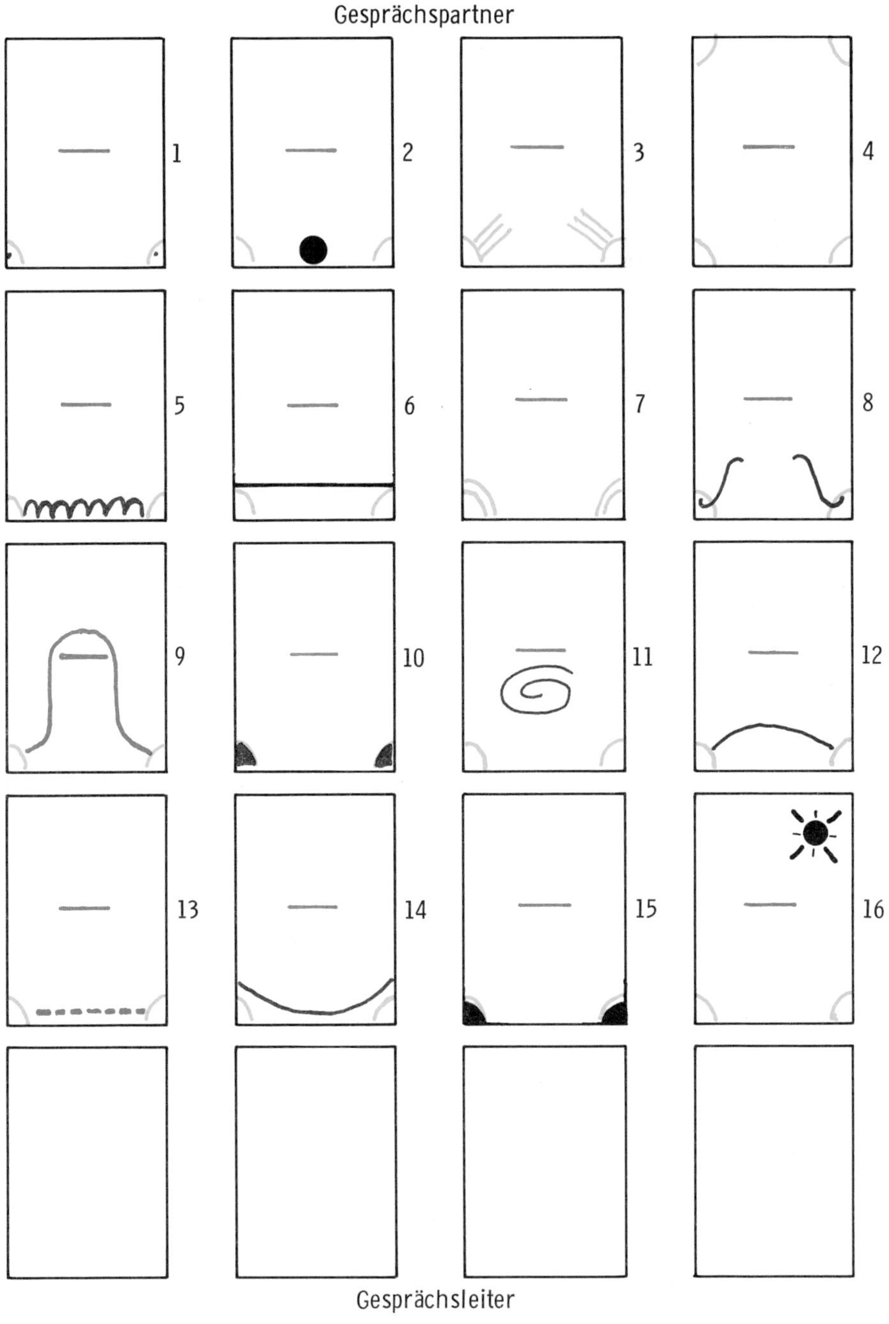

Gesprächspartner

Gesprächsleiter

Abb. 13 Zeichengesprächsantworten: Zurücknahme

Gleich im Beispiel 19 finden wir in der Antwort 2 den oben erwähnten Nachholbedarf auf den schwarzen Kreis: „noch ein Gegenschlag für vorher." Sichtlich gelingt dem Zeichner aber auch in diesem Gesprächsteil noch nicht die Durchsetzung seines Impulses, wie wir im Laufe der weiteren Interpretation über seine Antwort erfahren. In gleicher Weise, wie er sich negativ über das Nachlaufen und Bitten seiner zu kleinen Punkte äußert und den starken, schwarzen Kreis als gekonnten Gegenschlag bewundert, erfährt er das betont leise, zarte Gelb in der Mitteilung des Gesprächsleiters als eine Verstärkung des feigen Davonschleichens. (Eines der Beispiele dafür, warum wir uns nur auf die subjektive Farbaussage beschränken).

Wenn sich der Zeichner des Beispieles 19 im dem Bereich Durchsetzen, Nachlaufen auseinandersetzt, so kommt es der Zeichnerin des Beispieles 20 auf Fragen der Differenzierung und der Reifung an. Spontan projiziert sie beleidigten Rückzug in die Zeichenaussage des Gesprächsleiters und antwortet ebenfalls spontan mit Rückzug. Anhand der Wahlantworten bekommen wir dann einen tieferen Einblick in die aktuelle Auseinandersetzung. „Das möchte ich auch können (Antw. 5), für den anderen da sein – ihn ergänzen – ihm helfen." Aber noch ist es nicht so weit, erfahren wir im weiteren Gespräch. Die so eindeutig abgewiesene Brutalität – das Halsabschneiden (Antw. 6) – taucht leider immer wieder im Streit mit der Schwester auf. „Das soll wirklich anders werden."

Nicht so positiv, ergänzend und reifend wie die Zeichenbewegung als Wahlantwort ausgelegt wird, interpretiert der ursprüngliche Zeichner des Beispieles 22 seine eigene Antwort (5). Vielleicht durch die Frage des Gesprächsleiters nach dem Rot in seiner Antwort beginnt der Zeichner seine anfänglich vermeintlich neutrale Aussage kritisch zu betrachten, und kommt zu der Erkenntnis, daß er den anderen „ganz schön in die Ecke gestellt habe". Für ihn geht es nicht um Rückzug, sondern um Bescheidenheit, und wie er sich zu diesem Thema klar ausdrücken kann. Lieber rücksichtslos sagen, daß es so nicht geht (Antw. 10) als „wollen und nicht können" (Antw. 13).

Noch sehr unorientiert und suchend finden wir den 16jährigen Zeichner des Beispieles 23. Erwähnenswert scheint uns die Beobachtung (die in späteren Gesprächen auch mit dem Zeichner das Thema war) in welcher Ausweglosigkeit sich der Zeichner dem Rückzug gegenüber befindet. „Man kommt nicht mehr ran, wenn einem einer den Rücken zudreht" – so empfindet er die Mitteilung des Gesprächsleiters. „Abschneiden" (Antw. 6) oder „nicht drum kümmern" (Antw. 11) findet er ganz gut. Aber dann befriedigt ihn doch die Fremdantwort 14 am meisten, in der er aber vom Bewegungsinhalt her genau das tut, was er bei den anderen so fürchtet.

Oft ist es einer solchen Einengung gegenüber gerade in dieser Altersgruppe von unschätzbarem Vorteil, die Phantasie für weitere Möglichkeiten in der zeichnerischen Begegnung zu eröffnen, ohne dabei in die Nähe von Wertungen wie gut und böse, falsch und richtig zu geraten.

Die beiden nicht erwähnten Beispiele (21 u. 24) sollen darauf hinweisen, daß ein Abbruch oder eine längere Unterbrechung der gemeinsamen Interpretation durchaus möglich ist, wann immer die Lage des Partners es erfordert. Denn der Versuch soll nie in Testdenken entgleiten, oder des Versuches wegen durchgeführt werden.

e) Gesprächsteil 9/10

Kontaktfrage: Hilflosigkeit. Beispiele 25–30 (Abb. 14)

Die im vorangegangenen Gesprächsteil 7/8 begonnene Haltungsänderung des Gesprächsleiters, in der er nach der bisher fordernden aggressiven Grundstimmung der Begegnung nun auch bescheidenere, zurückhaltendere Impulse zu vermitteln sucht, soll in Gesprächsteil 9/10 weiter vertieft werden. Wie wir sahen, hatte die „Zurücknahme" des Gesprächsteils 7/8 für einen großen Teil der Zeichner durch das Ausweichen aus dem gemeinsamen Raum noch immer einen fordernden Akzent: Du sollst mir nachlaufen – Du mußt mich holen – Du mußt gestraft werden durch Entzug, und anderes mehr.

Im Gesprächsteil 9/10 soll nun der kleine Punkt, über die vorangegangenen Impulse des Zurücknehmens und Zurückziehens hinaus, von sich aus jeden Anspruch auf Dominanz vermeidend, so eingeordnet sein, daß er in einem weitmöglichsten Maß durch sich selbst, seine Kleinheit und Ungeborgenheit vermittelt. Aus diesem Grunde sollte er räumlich angelehnt an die Mitte – sie aber doch nicht behauptend – ohne Bezug zu den bisher auf dem Blatt entstandenen Formen und Zeichen so verloren als möglich im Raum untergebracht sein. Ein mittleres, unausgesprochenes Grau, das auch von der Farbe her jeden Anspruch auf Aussage vermeidet, soll das Uneigentlich-Sein des Punktes noch einmal unterstreichen.

Für den Gesprächsleiter wird es in dieser wie auch in den zwei noch folgenden letzten Gesprächsteilen von ausschlaggebender Wichtigkeit sein, sich selbst dem Vorgang der Begegnung lückenlos auszusetzen, um bei der Verschiedenheit der jeweils entstandenen Formen eines Versuches aus einer sicheren Orientierung heraus die eigenen Aussagen für den Partner verstehbar anbringen zu können.

Die Interpretation des Gesprächsleiters für seine eigene zeichnerische Aussage hat etwa folgenden Wortlaut:

> „Ich wollte mit dem kleinen Punkt, der ohne Beziehung zu einer Form oder einem Zeichen im Raum gedacht ist, Hilflosigkeit und Ungeborgenheit ausdrücken. Das verwaschene Grau sollte das Uneigentliche des Punktes noch einmal unterstreichen."

Beispiel 25

GL:
Ich wollte mit dem kleinen Punkt . . .

GP:
Klein und hilflos – das habe ich genau empfunden, wie Sie es sagen. Nur habe ich gedacht: Der gehört zu mir, zu Ihnen paßt er nicht (Antw. 1).

GL:
Sie haben Ihren Punkt schwarz gemacht. Das Grau von meinem Punkt wollten Sie nicht mitnehmen?

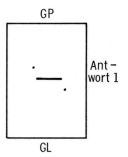

GP:
Nein, weil ich das Traurige ausdrücken wollte – für mich ist das alles verbunden mit Angst.

GL:
(Zeichnet oder zeigt weitere andere Antworten aus Fremdbeispielen auf und gibt die Interpretation der jeweiligen Zeichner andeutungsweise wieder.) Er fragt dann:
Erscheint Ihnen unter den hier aufgezeigten weiteren Beispielen eine Antwort besser als Ihre und müßten Sie eine ganz ablehnen?

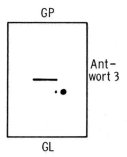

GP:

Ja natürlich – das (Antw. 3) finde ich gut! Aber das möchte ich für mich haben, wenn ich der kleine Punkt wäre – machen könnte ich das nicht.

GL:

Und sehen Sie etwas, was Sie auch machen könnten und das besser wäre?

GP:

Nein. Den nächsten Schritt, den ich schaffen könnte – vielleicht – wäre das (Antw. 2).

GL:

Und ganz negativ oder unverständlich?

GP:

Antwort 4 finde ich herzlos. Da wird dem armen Punkt noch das bißchen Kraft, das er hat, aus dem Leib gezogen.

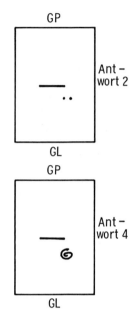

Beispiel 26

GL:

Ich wollte mit dem kleinen Punkt . . .

GP:

Mir war die Hilflosigkeit zu dick aufgetragen. Zu sehr zur Schau gestellt . . . Ich wollte sagen: Sie sind nicht die einzigste auf der Welt, die hilflos ist – hören Sie auf zu jammern (Antw. 2).

GL:

Das hätte ich gar nicht gesehen in Ihrer Aussage, daß Sie ablehnend und kritisch sind. Ich hatte mehr das Gefühl von Seite-an-Seite-Stehen – von Solidarisieren – daß Sie sagen: Ich weiß, was es ist, „hilflos sein".

GP:

Da haben Sie eben falsch gefühlt.

GL:

Ja – so ---merkwürdig. Erscheint Ihnen unter den hier aufgezeigten weiteren Beispielen . . .

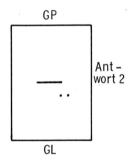

GP:

Antw. 5 finde ich mutig – aber wer wagt das schon? Der wird doch sofort als brutal verschrien.

Eigentlich soll man doch sein wie Antw. 16. Immer helfen, immer verstehen, Mitleid haben, ohne Ende.

Bemerkung:

Der Patient berichtet daraufhin spontan über seinen aktuellen Konflikt: Er ist Lehrling, 19 J., der Vater ist früh verstorben, er lebt seit 10 J. allein mit seiner chronisch kranken Mutter.

In der Antwort 6 sieht er die ständig überhöhten Forderungen der Mutter an Verständnis und Mitleid ihrer Hilflosigkeit gegenüber. In der Antwort 5 bietet sich ihm die Möglichkeit der Aggressivität an, die ihm aber verboten ist und die er nicht zu leben wagt. Erst in späteren Gesprächen wird es ihm einsichtig, daß auch seine eigene Antwort (2) auf das Signal Hilflosigkeit den Stillstand, die Ausdrucks- und Handlungsunfähigkeit widerspiegelt, in die er geraten war. Er kann schließlich nachvollziehen, daß er mit dieser seiner Haltung den Konflikt, unter dem er litt, auf diese Weise eher vertiefte, bestimmt aber doch stabilisierte.

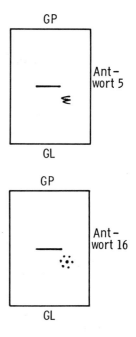

Beispiel 27

GL:

Ich wollte mit dem kleinen Punkt ...

GP:

Ja – der arme. Das hat mich mächtig angerührt, ich habe ihm auch gleich ein ganz sicheres, weiches Nest gemacht, daß er sich vollkommen geborgen fühlen kann (Antw. 7).

GL:

Und für das Hilflose und Kleine ist es auch gleich gut?

GP:

Natürlich – oder würden Sie ein hilfloses kleines Kind vielleicht auf die Straße setzen?

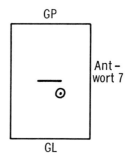

GL:

Nein – ich glaube nicht.

Ich verstehe noch nicht so ganz, warum das Nest rot ist?

GP:

Das ist das Warme, die herzlichen und liebevollen Gefühle, die der Punkt noch bekommen muß.

GL:

Könnten Sie sich auch vorstellen, daß der kleine Punkt älter ist als ein, zwei Jahre – so 20 – 30 – 50 – 60?

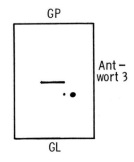

Antwort 3

GP:

Doch das kann ich schon – sogar noch älter. Gerade die alten Leute, sagt man doch, werden wieder kindisch – und natürlich hilflos.

GL:

Und wenn dieser Punkt jetzt Herr Müller heißt und ein Mann von 30 Jahren ist?

GP:

Nein, das geht natürlich nicht. Da kann der Laie sowieso nicht helfen, das muß dann in eine Behandlung.

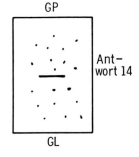

Antwort 14

GL:

Erscheint Ihnen unter den hier aufgezeigten weiteren Beispielen . . .

GP:

Ich meine, so für den richtigen Schutz ist meine Antwort die beste (Antw. 7).

Die anderen sind ja zum Teil selbst noch sehr unreif, stellen sich daneben und heulen wie hier Antwort 3. Antwort 14 halte ich für krankhaft.

Beispiel 28

GL:

Ich wollte mit dem kleinen Punkt . . .

GP:

Das mit dem Ungeborgenen finde ich gar nicht so bedauernswert und schlimm, da ist man wenigstens nicht angebunden und nicht abhängig (Antw. 8).

Aber die Schwäche und das Weiche, das ist schlecht.

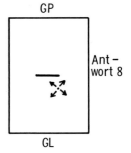

GL:

Sollen das auch die vier Pfeile ausdrücken?

GP:

Nein, die sollen gar nichts ausdrücken. Die zeigen dem Kleinen nur, wie man es macht. Angreifen, Losrennen, Platz machen.

Der soll mal lernen, ein bißchen aggressiv zu werden.

GL:

Das helle Braun, das Sie genommen haben, hat das auch was zu sagen?

GP:

Pfeile sind eben braun – da gibt es nichts zu sagen. Oder soll ich sie vielleicht gelb machen?

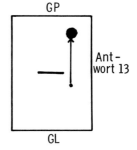

GL:

Erscheint Ihnen unter den hier aufgezeigten weiteren Beispielen . . . .

GP:

Das (Antw. 13) ist ganz große Klasse – erst mal abtasten, und dann mit einem harten Treffer nachziehen.

Bemerkung:

Auf die Frage nach einer negativ erlebten Aussage geht der Zeichner (Lehrling, 17 J.) nicht mehr ein. Er läßt sich auch nicht näher zu der Interpretation der folgenden Aussagen bewegen, sondern berichtet mit großen Affekten über Situationen aus seinen Schlägereien.

Beispiel 29

GL:

Ich wollte mit dem kleinen Punkt . . . . . .

GP:

Also ich dachte, das ist ja wirklich beinahe noch
weniger als nichts, was Sie da anbringen.
Zuerst hatte ich gar keine Lust, darauf einzugehen,
es war mir eigentlich zu dumm. Dann dachte ich
aber, daraus schließen Sie dann vielleicht Herzlosig-
keit bei mir, und da habe ich dann die Spirale um den
Punkt gemacht (Antw. 4).

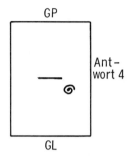

GL:

Dann ist die Spirale also mehr gegen den Punkt
gerichtet als für ihn? Als Sie malten, hatte ich den
Eindruck, Sie gingen ganz auf ihn ein, wollten ihm
weiterhelfen. Auch von der Farbe her – mit dem
Übergang von Grau zu dem matten Blau.

GP:

Wissen Sie, das meine ich so: Wenn man vom Dienst
kommt und jemanden auf der Straße trifft, der
einem lange vorklagt, wie schlecht es ihm geht, und
man interessiert sich innerlich eigentlich nicht dafür,
dann sagt man doch auch: Wie schrecklich – wie
furchtbar – wie halten Sie das nur aus – und redet
immer darum herum und eigentlich möchte man
nach Hause gehen.
Der andere denkt dann natürlich, man fühlt ganz
mit ihm mit.

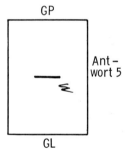

GL:

So wie ich eben – ich dachte ja auch, Sie gehen ganz
auf meinen kleinen Punkt ein.

GP:

Ja – das kann schon sein.

GL:

Erscheint Ihnen unter den hier aufgezeigten weiteren Beispielen . . . .

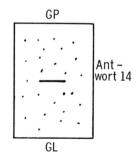

GP:
Wenn ich ehrlich bin, muß ich Ihnen sagen, die finde
ich alle unnötig kompliziert. Das liegt mir nicht.
Aber daß jemand so etwas macht (Antw. 5) kann ich
gar nicht glauben – das ist doch mehr als herzlos.
Und hier (Antw. 14) hat sich doch jemand richtig
über Sie lustig gemacht – oder auch nicht hingehört.

Beispiel 30

GL:
Ich wollte mit dem kleinen Punkt . . .

GP:
Also ich habe das alles überhaupt nicht empfunden:
„Hilflos – klein – ungeborgen" – und was Sie da
noch alles rausfinden. Ich fand, das war der reine
Hohn, wie Sie da mit großer Vorsicht so einen
kleinen mickrigen Punkt aufs Papier setzen, von
dem man noch nicht einmal weiß, was das für eine
Farbe sein soll.

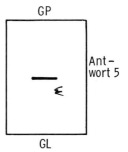

GL:
Sie haben dann schwarz genommen und den Punkt
ausgestrichen. (Antw. 5)

GP:
Ganz richtig. So was kann man nämlich mit mir
nicht machen. Dummstellen und „ich kann nicht
mehr" – spielen. Da brauchen wir uns ja nur mal auf
dem Blatt umzusehen, wie gut Sie können (gemeint
ist Gesprächsteil 5/6, der schwarze Kreis)

GL:
Wenn ich nun den Punkt rot gemacht hätte, hätte er
Sie dann auch so geärgert?

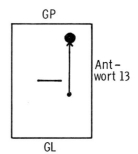

GP:
Nein – natürlich nicht. Dann hätte man sich
vorstellen können, was Sie meinen. Wahrscheinlich
hätte ich dann auch was mit Rot gemacht.

GL:

Erscheint Ihnen unter den hier aufgezeigten weiteren Beispielen . . . . .

GP:

Sehen Sie, genau das ist es, worauf ich nicht reinfalle,
was es bei mir nicht gibt (Antw. 13). Wenn der
einmal anfängt sich einzulassen, kommt er bestimmt
nicht mehr los. Das gibt ein Gezeter ohne Ende.
Antw. 15 ist vielleicht ganz gut, der wischt den
Punkt gleich richtig vom Tisch – da gibt's keine
Diskussion mehr. Ich muß mir das nochmal überlegen –

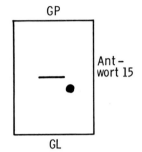

Zusammenfassung

Obwohl das Wesen des Punktes von dem Gesprächsleiter in der eingehenden
gemeinsamen Interpretation noch einmal nachdrücklich als hilflos und ungeborgen beschrieben wird, fühlt sich doch ein beträchtlicher Anteil der
Zeichenpartner spontan durch ihn eher bedroht oder abgestoßen und reagiert
ablehnend bis aggressiv. Statt Hilflosigkeit und Ungeborgenheit signalisiert er
für sie viel mehr etwas Jämmerliches – peinlich Schwaches – Mickriges, das als
eine Herausforderung, ja sogar als eine Verhöhnung empfunden werden kann
(Antw. 5 – 14 – 15 auf der Antworttafel S. 107).

Zwischen dieser abwehrenden Haltung und einer Reaktion des unbedenklichen
Annehmens und Schützens (Antw. 3 – 7 – 10 – 12 S. 107) steht noch eine weitere
Gruppe von Zeichnern, die das Hilflose, Kleine durchaus sehen und auch
bestehen lassen können. Nur wollen sie es für sich selbst in Anspruch nehmen,
wie im Beispiel 25 (Antw. 1 – 2 – 3). Es ist „meine" Kleinheit und Angst (Antw. 1),
ich habe auch Angst (Antw. 2), Beistand ist gut, aber das muß der andere tun
(Antw. 3). Jede zeichnerische Veränderung, also jeder andere Impuls, ist für den
kleinen, armen Punkt eine Zumutung und wird abgelehnt (Antw. 4).

Sehr zur Hilfe bereit ist dagegen die Zeichnerin der Antwort 7, Beispiel 27. Für
sie gibt es gar nichts anderes beim Anblick des kleinen Punktes als schützen und
helfen wollen. Allerdings zeigt sich im weiteren Gespräch, daß ihre Vorstellung
von hilflos – und ungeborgen – unabwendbar an Klein–Sein gebunden ist.
Damit wird für sie der einschließende Kreis das „warme Nest" auch die einzig
vorstellbare Form, die Schutz und Hilfe bieten kann.

Alles, was nicht in diese Vorstellungswelt paßt, wird abgelehnt, und ist wie z. B.
Antwort 3 unreif, oder letzten Endes doch krankhaft, wie „Herr Müller" im

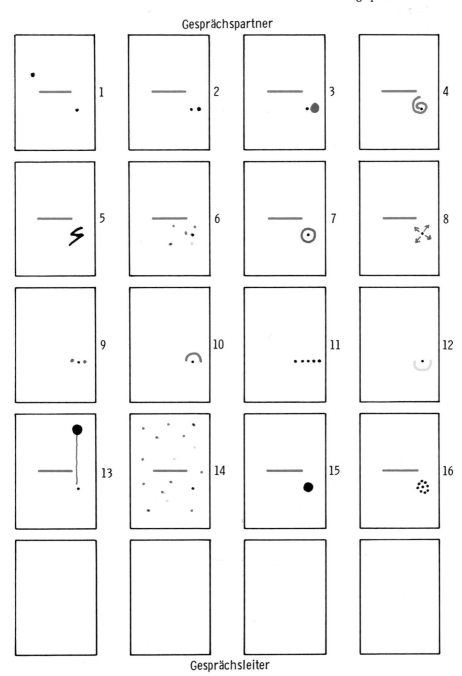

Abb. 14 Zeichengesprächsantworten: Hilflosigkeit

gleichen Gespräch. Selbst die alten Leute brauchen das warme Nest, „weil sie wieder kindisch sind".

Viel weniger eindeutig dem Punkt gegenüber ist die Darstellung der etwa gleichaltrigen Zeichnerin des Beispieles 29. Sie möchte eigentlich von allem nichts wissen, tut aber doch so, als ob sie sich interessiere (Antw. 4). Was sie vom ersten Augenblick an dem kleinen Punkt gegenüber fürchtete, ist herzlos zu erscheinen wie Fremdantwort 5 (wobei in der Stimme eher Bewunderung anklingt als Abwertung). Über den Umweg der gewählten Fremdantwort 14 kann dann die Zeichnerin doch noch ausdrücken, was sie anfangs als eigene Antwort nicht zulassen konnte – „hier hat sich jemand über Sie lustig gemacht oder einfach nicht hingehört". Sie wählte zwei Fremdantworten, die aufdecken, was sie nicht wagte, in der eigenen Antwort 4 auszudrücken.

Ganz unverholen mickrig und darüber hinaus noch als Hohn empfindet der Zeichner des letzten Beispieles den kleinen Punkt (Antw. 5). Er ist sichtlich noch immer nicht mit dem schwarzen Kreis (Gesprächst. 5/6) fertig geworden und reagiert daher auf das Angebot der Hilflosigkeit doppelt empört. Daß man ihm den kleinen Punkt außerdem noch in einer undefinierbaren Farbe anbietet, steigert seine Vorstellung „für dumm verkauft zu werden", ja sogar in eine Falle geraten zu können, wie er es in der Antwort 13 deutlich zu erkennen glaubt.

Als eine radikale Lösung, die den Konflikt „vom Tisch wischt", erlebt er die Antwort 15. Sie ist aber für ihn noch nicht eindeutig, er will darüber nachdenken: ein Ergebnis in dieser Arbeit, das durch seinen Anstoß oft tiefer wirksam wird als Augenblicke erhellenden Bewußtwerdens.

f) Gesprächsteil 11/12

Kontaktfrage: Reaktion auf Anpassung des Gesprächsleiters. Beispiele 31 – 36 (Abb. 15)

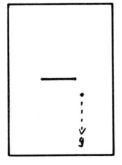 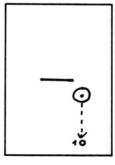 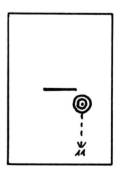

Nachdem der Gesprächsleiter sich in dem Gesprächsteil vorher in seiner Aussage auf ein räumliches Mindestmaß, den Punkt, zurückgezogen hat, gibt er jetzt im Gesprächsteil 11/12 – dem vorletzten der Begegnung – jede eigene Aussage, d. h. jede eigene Form und Farbe, in seiner Äußerung auf. Er verschwindet als Eigenanteil vom Blatt. Sein Bestreben ist es, durch echo-ähnliche Wiederholung und Anlehnung an die letzte Aussage des Partners in Form und Farbe, diese zu bestätigen und zu bejahen, ohne eigene neue Akzente hinzuzufügen. Die bestätigenden Akzente sollten dadurch sichtbar gemacht werden, daß die anpassende Wiederholung an die letzte Aussage des Partners immer etwas kleiner, farblich dünner, im ganzen zaghafter ausgeführt wird, um damit den Partner in den Stand zu versetzen, zu dominieren.

Durch diese passiv anpassende Haltung des Gesprächsleiters kommt nun der Gesprächspartner aber nicht nur in die Situation, sich als Dominierender zu erleben, sondern er muß darüber hinaus, da er keine Anregung und keine Aufforderung von seinem Gegenüber erhält, aus eigener Initiative die Weiterführung der Begegnung übernehmen. Eventuell kann diese Forderung zum Abbruch des Kommunikationsversuches führen, weil der Gesprächspartner sich außer Stande sieht, ohne vorgegebenen Impuls, aus eigener Initiative oder ohne die Möglichkeit, sich reaktiv verhalten zu können, nicht mehr antworten kann.

Für den Gesprächsleiter kann es bei der Vielgestaltigkeit der zeichnerischen Aussagen in diesem Gesprächsteil zu Schwierigkeiten kommen, seinen Impuls der Anpassung zeichnerisch so anzubringen, daß er vom Partner voll verstanden wird. Es wird in diesen Fällen notwendig sein, in der anschließenden Interpretation den Inhalt der eigenen Zeichenaussage besonders eingehend zu verdeutlichen und bei auftretenden Mißverständnissen sich am Muster der Fremdbeispiele gemeinsam zu orientieren.

In den nachfolgenden Beispielen werden jetzt die im Gesprächsteil 9/10 begonnenen Begegnungen nochmals aufgezeichnet und jeweils um die nächsten Schritte weitergeführt, um den Ablauf der Anpassung besser darstellen zu können.

Außerdem haben wir uns entschlossen, für die Darstellung dieser Antworten auf ein schematisiertes zeichnerisches Modell auszuweichen, um unter den unendlichen Möglichkeiten eine Orientierung zu ermöglichen.

Die Interpretation des Gesprächsleiters für seine eigene Aussage hat etwa folgenden Wortlaut:

„Ich wollte mich Ihnen in Farbe und Form vollkommen anpassen und Ihnen damit deutlich machen, daß ich nachvollziehen kann, was Sie sagen, genauso denke wie Sie und mich gerne von Ihnen leiten lasse."

Beispiel 31

GL:

Ich wollte mich Ihnen in Farbe und Form vollkommen anpassen . . .

GP:

Anpassen nennen Sie das? Ich finde, Sie haben sich richtig angeklebt – angehängt. Für mich war das einfach zu viel (Antw. 11).

GL:

Das Schwarze oder das Kleine oder beides, was war zu viel?

GP:

Das Schlimme ist, daß man so einen kleinen Punkt nicht los wird. – Man kann nichts gegen ihn machen, ihn nicht treffen.

GL:

Aber Sie haben doch etwas gemacht – ist das nicht gegen ihn?

GP:

Doch schon – das soll so ein ganz fester Block sein. Das wichtigste ist, daß er ganz ausgefüllt ist. Da paßt auch nicht mehr ein Stecknadelkopf rein (Antw. 12).

GL:

Nun könnte ich mir aber vorstellen, daß so ein Block mit seiner schönen grünen Farbe auch eine ganz einladende Liegewiese ist für so einen kleinen Punkt.

GP:

Da sehen Sie selbst, es gibt kein Mittel gegen ihn. Man kommt gegen ihn nicht an.

GL:

(Zeigt die schematisierten Gesprächsantworten und gibt die Interpretation der Zeichner andeutungsweise wieder.) Er fragt dann:

Erscheint Ihnen unter den hier aufgezeigten Schemaantworten (1–8), in denen die Anpassung des Gesprächsleiters immer mit dem kleineren roten

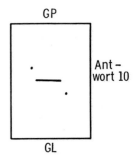

Antwort 10

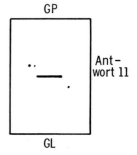

Antwort 11

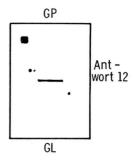

Antwort 12

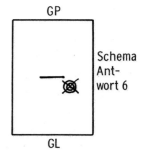

Schema Antwort 6

Kreis ausgedrückt ist, eine Antwort besser als Ihre
– und würden Sie eine ganz ablehnen?

GP:
Antwort 6 ist wohl das beste, aber der muß noch
mehr zuhauen, sonst nützt das nichts.
Antwort 7 ist mir eine Angstvorstellung, nicht
loskommen.

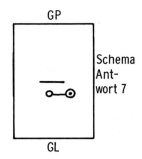

Beispiel 32

GL:
Ich wollte mich Ihnen in Farbe und Form vollkommen anpassen . . . . .

GP:
Daß Sie auf nichts Neues gekommen sind, hat man ja
deutlich gesehen. Auch daß Sie meine Linie nachah-
men (Antw. 11).
Zuerst war ich eigentlich ärgerlich darüber, weil ich
fand, daß Sie sich ziemlich dazwischengedrängelt
haben. Dann kam ich aber auf den Gedanken, auch
noch Gelb zu nehmen und alles zu verbinden. Nun
finde ich es sehr schön so (Antw. 12).

GL:
Können Sie das noch genauer sagen, was jetzt schön
ist? Vielleicht von der Zeichnung her?

GP:
Ja, ich denke, dann ist die Flaumfederdecke eben
noch etwas wärmer und dicker.
Sie hätten ja auch mit einer anderen Farbe dazwi-
schenmalen können, dann wäre alles kaputt
gewesen.

GL:
Erscheint Ihnen unter den hier aufgezeigten Schemaantw. 1–8 eine besser als Ihre . . . .

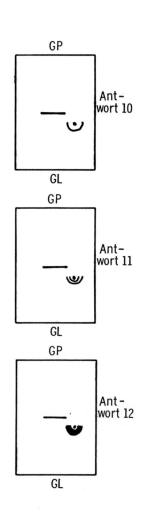

GP:
Sehr schön finde ich Antw. 1.
Sehr viel schöner als meine
Lösung. Die müssen nicht so
aneinander kleben, um sich zu
verstehen.
Antw. 8, würde ich denken,
war ein Junggeselle?

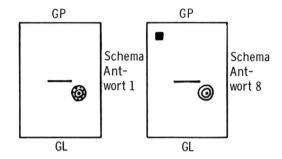

Beispiel 33

GL:
Ich wollte mich Ihnen in Farbe und Form vollkommen anpassen . . . .

GP:
Das klingt ganz gut, was Sie da sagen. Aber mir war das wirklich direkt peinlich, wie Sie sich so ungefragt in meine Arme gelegt haben. Und dann noch mit der gleichen Farbe (Antw. 11).

GL:
Jetzt wundere ich mich nur, warum Sie mit Ihren roten kleinen Strichen Ihre eigene Linie durchkreuzt oder ausgestrichen haben. Ich denke, Sie haben sich über mich geärgert (Antw. 12).

GP:
Das ist hier genauso wie bei allen anderen Sachen bei mir. Ich hätte mich erst überhaupt gar nicht auf den Punkt einlassen dürfen. So etwas geht immer schief bei mir. Und dabei war ich schon so vorsichtig.

GL:
Für Sie war es besonders schlimm, daß es die gleiche Farbe war, sagten Sie. Wenn ich nun rot genommen hätte – wäre das weniger schlimm gewesen?

GP:
Rot – ich weiß nicht. Gelb wäre vielleicht gegangen.

GL:
Und warum Gelb?

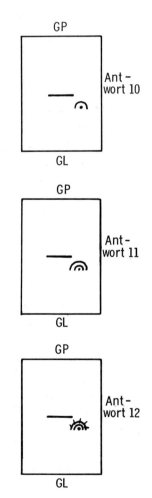

GP:

Rot und Blau sind noch fast gleichstarke Farben. Gelb – da habe ich das Gefühl, kann einem nicht so viel tun.

GL:

Erscheint Ihnen unter den hier aufgezeigten Schemaantw. 1–8 eine besser als Ihre . . . .

GP:

Antw. 8 finde ich gut – der läßt sich gar nicht erst ein und macht nicht die Fehler, die ich immer mache.

Antw. 5 ist genauso dumm wie ich.

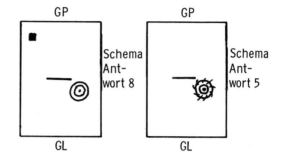

Beispiel 34

GL:

Ich wollte mich Ihnen in Farbe und Form vollkommen anpassen . . .

GP:

Das habe ich gemerkt, daß Sie da auch noch in mein Nest wollten. Eigentlich haben Sie sich ja ein bißchen breit gemacht.

Ich hatte schon Angst um meinen armen kleinen Punkt (Antw. 11).

GL:

Dann haben Sie aber das Nest innen noch mehr mit Rot ausgefüllt. – Ich meine, da wurde es noch enger (Antw. 12).

GP:

Enger kann man ja nicht sagen, weil der Platz um den Punkt herum genauso geblieben ist.

Aber Ihre Linie war so krumm gemacht, daß ich sie zuerst nur etwas gerade nachziehen wollte. Dann kam mir aber der Gedanke, daß es ganz gut ist, wenn

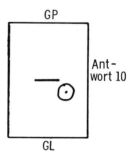

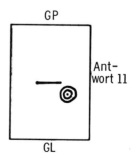

die beiden Linien verbunden sind. Dann hat der
kleine Kreis von Ihnen auch noch ein bißchen Halt.

GL:
Der kleine Kreis von mir ist ja nun eigentlich gar
nicht mehr da – jedenfalls kann man ihn nicht mehr
sehen (Antw. 12).

GP:
Soll das ein Vorwurf sein?
Es ist doch nicht meine Schuld, daß er sich da
hineingesetzt hat. Ich habe es jedenfalls nur gut
gemeint.

GL:
Erscheint Ihnen unter den hier aufgezeigten Schemaantw. 1–8 eine besser als Ihre . . . .

GP:
(Sofort und ohne eingehend
hinzusehen)
Das ist doch unglaublich
(Antw. 5 und 6), wieviel Zer-
störungswut die Menschen haben. Da kann man ja verstehen, daß Sie Schutz brauchen.

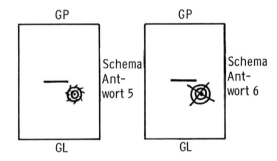

Beispiel 35

GL:
Ich wollte mich Ihnen in Farbe und Form vollkommen anpassen . . . .

GP:
Das war gut, das hätte ich Ihnen gar nicht zugetraut
(Antw. 11).

GL:
Sie haben sich dann aber doch aus dem Staub
gemacht, bis an das andere Ende des Blattes. Ich war
ganz verwundert.

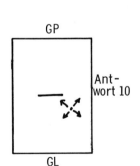

GP:
Aus dem Staub habe ich mich gar nicht gemacht,
aber da bei dem Punkt war ja nun genug los. Und
außerdem war ich mit dem schwarzen Kreis noch
nicht ganz fertig (Antw. 12).

GL:
Dem haben Sie doch vorher aber schon ganz kräftig
Kontra gegeben . . . . .

GP:
Aber nicht genug – der mußte noch in die Ecke
gebracht werden.

GL:
Erscheint Ihnen unter den hier aufgezeigten Schemaantw. 1–8 eine besser als Ihre . . . .

GP:
(Bleibt sofort bei der Betrachtung an Antwort
6 hängen)
Was der hier macht, ist doch Quatsch – das ist doch
kein Kampf mehr. So was ist mir mal passiert . . . .
(Es folgt Bericht über Auseinandersetzungen aggressiver Art mit dem älteren Bruder.)

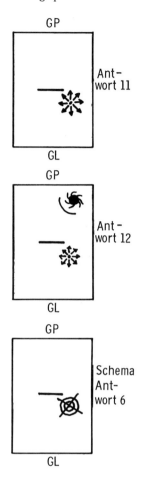

Beispiel 36

GL:
Ich wollte mich Ihnen in Farbe und Form vollkommen anpassen . . . . . .

GP:
Das war sehr freundlich von Ihnen, ich hatte schon
Angst, es kommt wieder so was Kompliziertes wie
vorher (Antw. 11).

GL:
Und das war für Sie ganz selbstverständlich, daß Sie
ihre eigene Linie jetzt weiterführen mit der gleichen
Farbe?

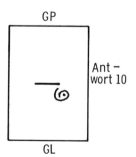

GP:

Was sollte man denn sonst machen? Wir sind doch schließlich in einer Unterhaltung, haben Sie gesagt. Erst habe ich gesprochen – dann haben Sie gesprochen – dann habe ich wieder gesprochen.
Vielleicht habe ich auch an Tonband gedacht (Antw. 12).

GL:

Worüber wird wohl unsere Unterhaltung gegangen sein?

GP:

Muß ich das wissen? (Pause)
Also nicht gerade über das Wetter – mehr über Arbeit und Preise.

GL:

Erscheint Ihnen unter den hier aufgezeigten Schemaantw. 1–8 eine besser als Ihre . . . .

GP:

Antw. 7 finde ich gut, – dahin möchte ich auch kommen. Der baut einfach ein eigenes Haus. Die anderen finde ich uninteressant.

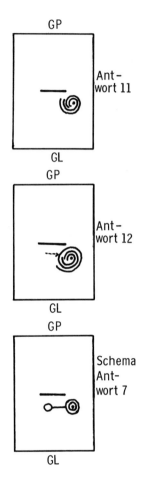

Zusammenfassung

Im Rückblick auf die angeführten Beispiele bestätigt sich die anfängliche Vermutung, daß das völlige Ausbleiben eigener Äußerungen des Gesprächsleiters in Farbe und Form von dem Gesprächspartner als eine Veränderung der bisherigen Beziehung wahrgenommen wird.

Zeichner, die sich bisher vermeintlich zur Beantwortung der gegebenen Chiffre verpflichtet sahen und nun endlich erlaubterweise zu Worte kommen können, nehmen diesen willkommenen Anlaß befreit zur Eigeninitiative wahr. Froh sind auch die Gesprächspartner, die sich durch die zeichnerische Anpassung des Gesprächsleiters erstmals angenommen, – ernstgenommen und bestätigt sehen. Allerdings ist die Reaktion dieser Zeichner oft dann doch eine erneute „Anpassung an die Anpassung", um den beglückenden Zustand zu erhalten oder auszubauen.

Gesprächspartner

Gesprächsleiter

Abb. 15 Schema der Zeichengesprächsantworten: Reaktion auf Anpassung des Gesprächsleiters

Protokollnotizen zu Antwort 12

Antw.   1: Freude über Zugehörigkeit. Spielerischer Kontakt. Beschwingtheit – Bescheidenheit. Sich der Anpassung anpassen.

2: Nest bauen. Sich hinter der dicken Mauer verstecken – Schutz suchen – finden – geben. Alles tun für den Hilflosen.

3: Gemeinsamkeit macht stark. Zusammengehörigkeit. Guter Dialog. Alles zusammenfassen – anführen – durchhalten.

4: Fest der Schönheit. Sich bejahen – bewundern. Sich entfalten. Vorbild sein – Welt verbessern.

5: So war Antwort 10 nicht gemeint, wenn sich der Kreis jetzt einschleicht. Sollen allein fertig werden. Könnte mich ohrfeigen – verschwinde vom Platz – ohne mich.

6: Gemeinheit sich so einzuschleichen. Gibt es nicht – nicht bei mir. Vom Tisch wischen – ausstreichen – durchkreuzen – ungültig machen – zerstören.

7: Ausweichen, aber in Verbindung bleiben. Nähe erdrückt. Frei sein – selbständig sein. Korrespondieren – Kontakt halten ohne Einengung.

8: Aus dem Feld gehen. In die eigene Hälfte zurückziehen. Absichern. Eigene Form. Enttäuschung zeigen – ablehnen – Stolz.

Nicht unter den Beispielen und auch nicht auf der Antworttafel demonstriert ist die Gruppe der Zeichenpartner, die sich außerstande sieht, auf die Anpassung des Gesprächsleiters überhaupt noch in irgendeiner Weise zu antworten. „Was ist denn nun los?" – „Ich kann jetzt nicht weiter" – „Sie kommen nochmal ran" – bis hin zum Abbruch des Versuches sind die Reaktionen dieser Gruppe, die sich außerstande sehen, Eigeninitiative zu ergreifen. Oft können wir den vorzeitigen Abbruch damit verhindern, daß wir mit Einverständnis des Partners auf dem Zeichenblatt notieren: Antwort 12 fällt aus, und damit auf den letzten Gesprächsteil 13/14 übergehen. In der späteren Interpretation wird dann die Verweigerung der Antwort 12 im Zusammenhang mit den anderen Begegnungen und Antworten meist für den Zeichner sehr schnell transparent.

Neben diesen überwiegend auf allgemeine Versuchsabläufe gerichteten Beobachtungen stehen wir in den Beispielen 31–36 spezielleren Begegnungssituationen gegenüber. So empfindet der Zeichner der Antwort 12 im Beispiel 31 nicht Anpassung, und schon gar nicht wohlwollende Anpassung des Gesprächsleiters an ihn, sondern unangenehmes Anhängen und Ankleben. Durch die Form des kleinen Punktes wird ihm, wie wir aus der Wahlantwort 7 erfahren, dieses Verhalten unerträglich. Was ihm bleibt ist, „zuhauen" (Fremdanwort 6), ein für ihn selbst verwunderliches Resultat, auf die gut gemeinte Anpassung des Gesprächsleiters.

Auch nicht als Anpassung, sondern als „Dazwischendrängeln" erfährt die Zeichnerin des Beispieles 32 den Zeichenimpuls des Gesprächsleiters. Sie hat aber die Möglichkeit, diesem anfänglich unerfreulichen Erleben dann noch etwas Angenehmes abzugewinnen (Antw. 12), und kommt durch die Wahl der Fremdantwort 1 sogar noch zu einer für sie idealen Lösung dieser Begegnungssituation. Sehr nachvollziehbar wird unter dieser Voraussetzung, daß die Fremdantwort 8 wie ein Signal aus einer anderen, weil für sie nicht zugänglichen Welt betrachtet wird.

Den Zeichnern der Beispiele 33 und 34 vermittelt die zeichnerische Aussage des Gesprächsleiters übereinstimmend, daß er sich dem anderen in die Arme, bzw. in das Nest legt, was bei dem einen Peinlichkeit, bei dem anderen Angst um den kleinen Punkt auslöst. Der Zeichner der Antwort 12 im Beispiel 33 kann seine Reaktion, sich selbst zu durchstreichen und somit auszulöschen, sehr schnell korrigieren und sieht an der Fremdantwort 5, wie „dumm" eine solche Haltung ist. Die Zeichnerin im Beispiel 34 bleibt dagegen dem Bild und Gedanken verhaftet, Schutz und Wärme zu bieten nach allen Seiten und in allen Situationen (Antw. 12). Daß sie dabei unversehens den Kreis der Antwort 11 liquidiert hat, rechnet sie sich nicht als Schuld an, denn sie habe es ja nur gut gemeint, – für spätere Gespräche eine wichtige Erfahrung.

Im Beispiel 35 treffen wir einen Zeichner an, der die Anpassung des Gesprächsleiters konfliktlos hinnehmen kann, weil sie es ihm ermöglicht, die Initiative in seiner eigenen Auseinandersetzung mit der Aggression wieder aufzunehmen (Antw. 12). Es geht für ihn um Formen des Kampfes Fremdantw. 6), die er, wie hier, auch in allen anderen Gesprächsteilen spontan wahrnimmt und dominant erlebt.

Eine allgemein uninteressierte bis unwillige Haltung nimmt primär der Zeichner in dem letzten der sechs Beispiele ein. Seine verbale Äußerung „muß ich das wissen" deckt sich mit der hintergrundlosen, gefühlsunsicheren Fortführung der eigenen Linie (Antw. 12), bis hin zum Ausweichen auf die gegenständliche Vorstellung „Tonband", die ihn von der Auseinandersetzung mit der subjektiven Zeichenbewegung befreit und die Abwehr ermöglicht.

Die positiv gewählte Fremdantwort 7 läßt dann deutlich werden, was dem Zeichner selbst spontan noch nicht bewußt werden konnte, „Ich will mein eigenes Haus" (und keine Anpassung).

g) Gesprächsteil 13/14

Kontaktfrage: Einengung oder Umarmung. Beispiele 37–42 (Abb. 16)

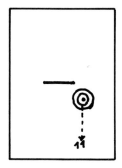 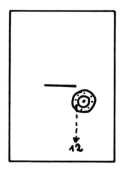 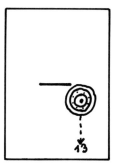

Mit dem Gesprächsteil 13/14 soll die zeichnerische Begegnung der beiden Partner beendet werden. Der gemeinsame Raum ist durch die vorangegangenen 12 Zeichenaussagen in der Mehrzahl der Fälle voll in Besitz genommen worden (Ausnahmen stellen die Besonderheit der Begegnung um so deutlicher dar), so daß für die Darstellung neuer Impulse meist nicht mehr genug Raum zur Vefügung steht. Ein Überschneiden der Linien, ein „Anrempeln" oder Sich-im-Wege-Stehen wäre fast immer unvermeidbar.

Die so vorhandene räumliche Gegebenheit und das Wissen, daß diese Äußerung des Gesprächsleiters eine abschließende Funktion haben soll, d. h. es wird nicht weiter als über die letzte Antwort des Partners hinaus gedacht, haben die Bewegung des letzten Gesprächsteiles geformt:

Mit einer starken Linie, die farblich mit der letzten Antwort des Partners identisch ist, erfaßt der Gesprächsleiter die letzte Zeichenaussage seines Partners und umschließt sie mit einem Kreis. Wenn, wie es oft der Fall sein wird, die letzte Aussage nicht isoliert zu erfassen ist, muß ein Bündel der letzten Zeichen mit der Kreislinie so umfaßt werden, daß dem Partner der Eindruck vermittelt wird, ich (mein Zeichen) bin eingekreist. Es ist dabei von untergeordneter Bedeutung, ob die umgreifende Bewegung rund, oval oder unregelmäßig ist, wenn sie nur das Ziel erreicht, das Umkreisende, Einschließende ihrer Bewegung zu vermitteln.

Die bei der Verfolgung dieses Zieles nicht zu vermeidenden Überschneidungen anderer Zeichen und Linien sind nun zu einem Teil der Aussage selbst geworden, die ein Höchstmaß an Ambivalenz vermitteln soll, eingeschlossen in die gleiche Aussage: Rücksichtsloser Macht- und Besitzanspruch, dokumentierende Isolierung des Partners und Einkreisung als schützende, liebevolle Gebärde, die durch die Gleichheit der Farbe auch das Erlebnis von Einheit und Zugewandtheit ermöglicht.

Die Interpretation der Zeichenaussage des Gesprächsleiters hat etwa folgenden Wortlaut:

> „Ich wollte Ihre letzte Zeichenaussage mit einer starken Linie umkreisen und Sie damit fragen, ob Sie sich dabei geborgen oder umarmt gefühlt haben, oder ob es für Sie eine unzumutbare Einengung oder Bemächtigung war."

Beispiel 37

GL:
Ich wollte Ihre letzte Zeichenantwort (12) mit einer starken Linie umkreisen . . . (13)

GP:
Eingeengt habe ich mich nicht gefühlt, im Gegenteil, es war wie eine Schutzmauer, die Sie da für mich aufgebaut haben.

GL:
Wenn ich die Mauer nun statt grün, blau oder rot gemacht hätte?

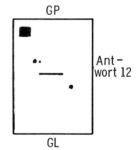

GP:

Das weiß ich nicht, das kann ich mir auch nicht vorstellen, was ich da gemacht hätte.

GL:

Und Ihre 4 grünen Striche, was sagen die aus? (Antw. 14)

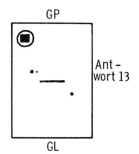

GP

Ant-
wort 13

GL

GP:

Die verankern den Block an der Mauer, daß das Ganze noch mehr Halt bekommt.

GL:

Wenn ich mir jetzt so den kleinen Punkt ansehe und unsere Festung, die wir gegen ihn aufgebaut haben, kommt es mir eigentlich doch etwas komisch vor.

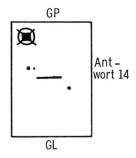

GP

Ant-
wort 14

GL

GP:

Mir nicht, da ist immer noch zu viel Platz drin – das müßte alles ganz grün ausgefüllt sein.

GL:

(Zeigt Schema-Antw. 1–8 auf). Er fragt dann: Erscheint Ihnen in dem hier aufgezeigten Schema, in dem die Umkreisung des Gesprächsleiters als Antwort 13 erscheint, eine Antwort besser als Ihre – oder würden Sie eine Antwort ganz ablehnen?

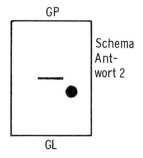

GP

Schema
Ant-
wort 2

GL

GP:

Was macht denn der (Schema Antw. 2)? Liegen da jetzt alle darunter?

GL:

Ich meine – ja.

GP:

Das geht also auch! Dieser Gedanke geht mir einfach immer wieder verloren.

GL:

Welcher Gedanke?

GP:

Daß zuhauen besser ist als Festung bauen. Und das (Schema Antw. 7) ist das Fürchterlichste. Anklammern ist das Ende.

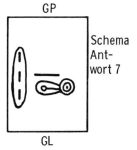

GP

Schema
Ant-
wort 7

GL

Beipiel 38

GL:

Ich wollte Ihre letzte Zeichenantwort (12) mit einer starken Linie umkreisen (Antw. 13).

GP:

Schön fand ich das auch wieder nicht, was Sie da gemacht haben. Überhaupt war der Anfang viel besser. Jetzt war mir wieder alles zu dicht und zu klebrig.

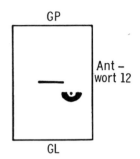

GP

Antwort 12

GL

GL:

Sie haben es dann aber alles noch dichter gemacht mit Ihrem Gelb (Antw. 14)?

GP:

Ja – das ist es eben. Das ist so typisch für mich. Ich will immer, daß es keinen Streit gibt und gebe dann von vornherein nach, auch wenn es mir nicht gefällt.

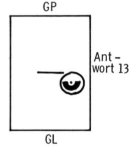

GP

Antwort 13

GL

GL:

Daß es Ihnen nicht gefällt, das hätte ich am wenigsten aus Ihrer Antwort entnommen. Für mich war es, als Sie den Kreis ganz mit Gelb ausfüllten, wie ein großes gemeinsames Verständnis.

GP:

Was soll ich denn da machen – liegt das an mir?

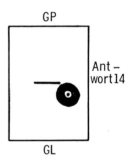

GP

Antwort 14

GL

GL:

Vielleicht fällt Ihnen bei der Betrachtung der anderen Antworten eine Lösung auf, die Ihren Vorstellungen eher entspricht oder sie besser ausdrückt.

GP:

(Eingehende Betrachtung des Antwortschemas). Sehen Sie – das habe ich vorher schon gemeint. Die Zerstörung (Antw. 3 und 6) kommt für mich nicht in Frage.

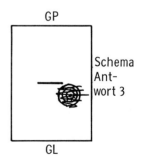

GP

Schema Antwort 3

GL

GL:

Aber da gibt es doch noch andere Antworten.

GP:

Die müssen Sie mir bitte genauer erklären – ich kann mir darunter nichts vorstellen.

GL:

Soweit es mir in Erinnerung ist, wollte Antwort 1 sagen: Es ist doch schön, so eng aneinander geschmiegt. Antwort 2 wollte einen Stempel auf alles drücken. Für Antwort 4 war es wie ein Gespräch, das immer weiter ging. Antwort 5 wollte allein weitermachen, weil es ihm zu eng wurde. Antwort 7 sagt: Wie Du mir, so ich Dir. Und Antwort 8 war zwar für Gemeinsamkeit, aber nicht dafür, daß sich jemand so einschleicht wie mit dem kleinen Kreis.

GP:

Dem (Antw. 5) war es also auch zu eng, wie mir. Aber dann so ganz allein – ich weiß nicht.

Bemerkung:

Die hier demonstrierte andeutungsweise Interpretation der Fremdantworten wird sich immer wieder als ein brauchbarer Weg erweisen, die Phantasie für eine größere Breite von Möglichkeiten frei zu legen und die Einengung durch alternative Vorstellungen aufzuheben.

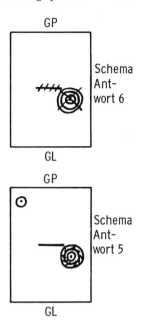

Beispiel 39

GL:

Ich wollte Ihre letzte Zeichenantwort 12 mit einer starken Linie umkreisen . . . (Antw. 13)

GP:

Ich fand, das war ganz unverschämt von Ihnen! Ich gebe Ihnen deutlich zu erkennen: Bitte nicht so dicht – und gehe selbst aus dem Feld (Antw. 12) – und Sie machen sich daraufhin noch breiter.

GL:

Und nun haben Sie aber zu meinem Erstaunen noch einmal das Feld geräumt? (Antw. 14)

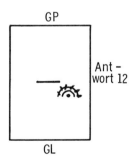

GP:

Das habe ich mir jetzt eben gedacht, daß Sie das sagen werden – ich muß zugeben, es sieht ja auch so aus. Wenn es nicht von mir wär', würde ich es vielleicht auch denken.

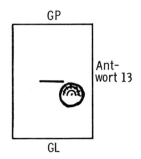

Ant-
wort 13

GL:

Und was wollten Sie 'eigentlich' sagen?

GP:

Ich habe gemeint, ich will Ihnen zeigen, daß ich mich nicht mehr mit Ihnen einlasse, daß ich das gar nicht nötig habe. Ich wollte Sie eigentlich blamieren. Wenn Sie mir noch einmal nachgerannt wären, wären Sie auch bestimmt der Blamierte gewesen.

GL:

Und das haben Sie also ziemlich sicher von mir erwartet?

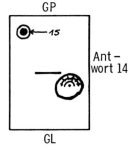

Ant –
wort 14

GP:

Das hätten Sie bestimmt auch gemacht – wenn es noch weiter gegangen wäre.

GL:

Also, dann tue ich es mal. Kreist noch einmal mit gleicher Farbe Antw. 14 ein (15).

GP:

Nein, das gibt es nicht! Ich habe gemeint, Sie machen wieder einen *roten* Kreis – wie vorher. So gilt das nicht.

GL:

Das war ja auch nur ein Versuch. Erscheint Ihnen nun in den hier aufgezeigten Schema-Antworten 1–8 eine besser als die Ihre . . . . . .

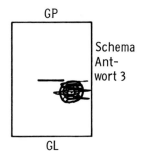

Schema
Ant-
wort 3

GP:

Das (Antw. 3) ist eben doch das Beste – auch wenn ich es nicht gut finde. Aber alles andere führt ja auch zu nichts.

Beispiel 40

GL:
Ich wollte Ihre letzte Zeichenantwort (12) mit einer
starken Linie umkreisen ... (13)

GP:
Bemächtigung? Wie kann man nur darauf kommen?
Im Gegenteil – ich dachte: Erst klammern Sie sich
innen und dann außen an. Darum habe ich auch die
blaue Mauer gemacht, daß Sie sehen, daß Sie nicht
ausgeschlossen sind (Antw. 14)

GL:
Könnten Sie sich auch ausmalen, was Sie getan
hätten, wenn mein Kreis gelb oder grün gewesen
wäre?

GP:
Genau das gleiche hätte ich gemacht. Andere Farben
hätten daran nichts geändert.

GL:
Erscheint Ihnen in den hier aufgezeigten Antworten
(1–8) eine besser als die Ihre . . . . . .

GP:
Die Zerstörung (Antw. 3 und 6) finde ich hier auch
wieder furchtbar. Was sind denn das für Menschen?

GL:
Und gut?

GP:
Ich kann mich eigentlich
für keine begeistern.

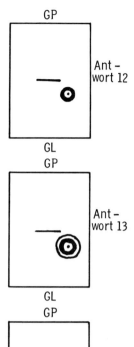

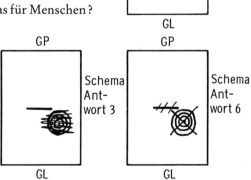

Beispiel 41

GL:

Ich wollte Ihre letzte Zeichenantwort (12) mit einer starken Linie umkreisen . . (13)

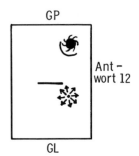

GP:

Von geschützt war ja nun gar nichts drin. Schließlich bin ich ganz schön allein fertig geworden. Ich dachte, Sie wollten einfach nur so mitmachen – wie da drüben bei den Pfeilen.

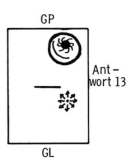

GL:

Sie sind dann aber wieder weggegangen und haben den braunen Kreis gemacht (Antw. 14).

GP:

Warum nicht? Sie wollten es doch, daß man zusammen kämpft – von mir aus – ich bin nicht dagegen.

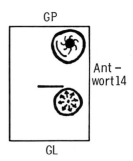

GL:

Erscheint Ihnen in den hier aufgezeigten Antworten (1–8) eine besser als die Ihre . . . . . .

GP:

Der Mann ist gut (Antw. 7). Der macht Gefangene. Da (Antw. 3) ist wieder derselbe Blödsinn wie vorher.

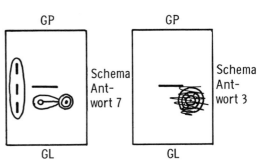

Beispiel 42

GL:
Ich wollte Ihre letzte Zeichenantwort (12) mit einer starken Linie umkreisen ... (Antw. 13)

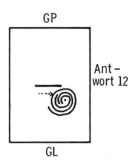

Antwort 12

GP:
Vielleicht am ehesten noch umarmt – so wie zum Abschied. Jedenfalls war ich richtig froh, als Sie mit Ihrem dicken Kreis endlich Schluß gemacht haben. So wäre es ja auch nicht mehr weitergegangen.

GL:
Sie haben sich dann ganz in Ihre Hälfte zurückgezogen – mir kam es schon beinahe vor wie eine Flucht (Antw. 14).

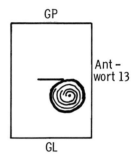

Antwort 13

GP:
Geflohen nun grade nicht. Aber da drüben bei Ihnen wäre ich um keinen Preis geblieben.

GL:
Und wie ist jetzt Ihre Antwort zu übersetzen?

GP:
Mir war es das Wichtigste, daß ich etwas allein machen wollte. Das war zuerst mal hier die Schlangenlinie. Und dann kamen die Punkte, – sozusagen gleich als Antwort, daß es nicht wieder solch ein Durcheinander werden kann wie vorher.

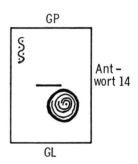

Antwort 14

GL:
Und warum die Schlangenlinie gelb und die Punkte grün wurden, erinnern Sie sich noch?

GP:
(Pause) Nein – das weiß ich nicht mehr richtig.

GL:
Und wenn Sie sich jetzt ausdenken, was die Farben aussagen könnten?

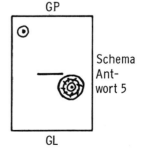

Schema Antwort 5

GP:
Das Gelbe ist vielleicht Sonne, und die grünen Punkte, – die passen eben gut zu dem Gelb.

GL:

Erscheint Ihnen in den hier aufgezeigten Antworten (1–8) eine besser als die Ihre . . . . . .

GP:

Sehen Sie, da habe ich schon was gelernt. Meine Antwort ist doch fast wie diese hier (Antw. 5). Da bin ich vorhin noch nicht allein darauf gekommen. (Vorher: Schema Antwort 7 bei Anpassung). Das (Antw. 4) ist ja furchtbar – die kommen ja nie auseinander.

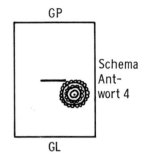

GP

Schema Antwort 4

GL

Zusammenfassung

Zum besseren Verständnis dieses letzten Gesprächsteiles wird es in der Interpretation häufig notwendig werden, einen Rückblick auf den Gesprächsteil 11/12, ja sogar auf den Gesprächsteil 9/10 vorzunehmen. Es ist anzuraten, in Versuchssituationen mit vielfältigen Zeichenformen von vornherein die beiden letzten Gesprächsteile zusammengefaßt zu interpretieren.

Eine weitere Veränderung des Interpretationsablaufes besteht darin, daß der Gesprächsleiter am Ende der gemeinsamen Betrachtung versucht, den Blick des Zeichners von der einzelnen Formaussage noch einmal auf den gesamten Zeichenablauf zu lenken: „Was war leicht, was war schwer zu beantworten? Was macht Sie stolz, was ist Ihnen am wenigsten recht?" Aber auch eigene Beobachtungen der Zeichenpartner sollten angefordert werden, wie etwa: „Mir war der kleine Punkt viel schlimmer als der Fußtritt mit dem Kreis", oder „Auf Ihren Rückzug war ich am ratlosesten von allem", oder „Am liebsten hätte ich nach der Anpassung von Ihnen gar nicht mehr weitergemacht", u. ä. m. Ein letztes wichtiges Augenmerk ist noch auf eventuell aufgetretene Tempounterschiede in der Beantwortung der einzelnen Gesprächsteile zu lenken und in die Verarbeitung einzubeziehen.

Sehen wir nun auf einzelne gegebene Antworten dieses Gesprächsteiles, so können wir zunächst feststellen, daß die einkreisende Bewegung des Gesprächsleiters fast einhellig von den Gesprächspartnern als solche wahrgenommen wurde. Die Vielfalt der Antworten beruht hier also überwiegend in der unterschiedlichen Verarbeitung und nicht in einer veränderten Wahrnehmung der zeichnerischen Chiffre des Gesprächsleiters. Zwei große Gruppen formieren sich wie erwartet in den Antworten und stehen sich in der Verarbeitung gegenüber: die Einkreisung, die als Einengen – Anklammern – Bemächtigen

Gesprächspartner

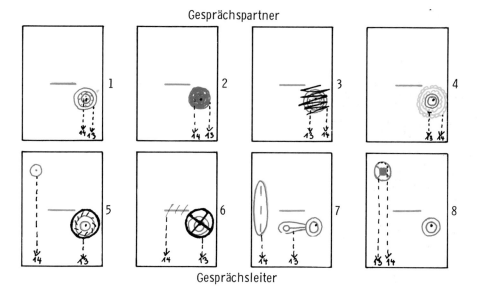

Gesprächsleiter

Abb. 16 Schema der Zeichengesprächsantworten: Einengung oder Umarmung

Protokollnotizen zu Antwort 14

Antw. 1 : Es ist doch schön, so eng aneinandergeschmiegt – das kann gar nicht
genug werden – kann immer so bleiben.

2 : Das ist mir zu schwierig. Fasse alles zusammen – mache es zu eins.
Drücke meinen Stempel auf. Wische es aus.

3 : Das gibt es nicht – das lasse ich nicht zu. Es wird alles in Stücke
gehackt. Darf nicht mehr da sein.

4 : Es kann immer so weitergehen. Vollkommene Beantwortung.
Entwicklung – Schönheit – Harmonie.

5 : Es wird zu eng – ziehe mich zurück. Will Selbständigkeit erhalten.
Niemanden brauchen. Unabhängigkeit.

6 : Wenn du nicht begreifst, kannst du mich kennenlernen. Schlage zu
– nehme nicht alles hin – greife zentral und gezielt an.

7 : Wie du mir – so ich dir. Was du kannst, kann ich auch. Jeder sieht
zu, wo er bleibt. Mache auch Gefangene.

8 : Bin sehr für Gemeinsamkeit, aber auf meinem Boden. Darf nichts
mit Anbiedern zu tun haben. Einschleichen gibt es bei mir nicht.
Eigene Festung.

abgelehnt, oder die als Umarmen – Schützen – Bestätigen positiv angenommen wird.

Gleich im Beispiel 37 wird in der Antwort 14 die Einkreisung als dicke, schützende Festungsmauer erlebt, die noch immer gegen den kleinen Punkt aufgebaut werden muß. Durch die Wahl der Fremdantworten wird uns der Hintergrund dieses Erlebens transparenter. Die Antwort 14 ist für den Zeichner sichtlich nur eine zweitbeste Lösung, denn in der Wahlantwort 2 erfahren wir, daß er es eigentlich (wie auch im Beispiel 31) besser findet, draufzuhauen und zuzuschlagen als seine befestigten Rückzüge (Antw. 14) zu unternehmen. Im nachfolgenden eingehenden Gespräch kann der Zeichner anhand der Zeichenbewegungen spontan erkennen, daß es eigentlich seine tiefe Abscheu und Verachtung vor dem Anklammern (Antw. 7) ist, die ihm jedes Nahekommen, auch eine negative Nähe verbietet. Wenn Nähe entsteht, hilft nur totschlagen, aber nicht um zu töten, sondern zur Vermeidung des unerträglichen Anklammerungsverdachtes. Bei der Wiederholung des Versuches ein Jahr später, ist der Zeichner nicht mehr an das Totschlagen zur Lösung des Konfliktes gebunden und kann spontan mit Antwort 6 (S. 129) antworten.

Wie sehr eine Erstarrung der Bilder und Unbeweglichkeit der Formen Hand in Hand gehen mit der Unfähigkeit, einen Konflikt zu lösen, zeigt uns in Eindringlichkeit der Zeichenablauf des Beispieles 38. Der Zeichenpartnerin ist es durch die Einkreisung des Gesprächsleiters nun noch enger und klebriger als vorher geworden. Da bei ihr aber „Streit und Zerstörung nicht in Frage kommen" (Antw. 3 u. 6), ist sie wie immer ausweglos zum Ausgleich und Nachgeben verpflichtet (Antw. 14). Zwischen der drohenden und gefürchteten Einsamkeit (Antw. 5) und ihrem Zwang zur Anpassung findet sie bei der blinden Tabuierung jeder aggressiven Bewegung in diesem Augenblick keine Antwort, mit der sie übereinstimmen kann.

Die Zeichner der Beispiele 39 und 40, denen die Anpassung des Gesprächsleiters in dem Gesprächsteil 11/12 übereinstimmend zu beengend und nahe war, verarbeiteten das Erlebnis der Einkreisung dagegen sehr unterschiedlich.

Der Zeichner der Antwort 14 im Beispiel 39 hebt sich zwar in diesem Gesprächsteil mit der Durchstreichung seiner eigenen Zeichenaussage nicht wieder selbst auf, entzieht sich aber dafür durch den Rückzug in sein eigenes Zeichenfeld einer zu nahen Begegnung. Die Mißverständlichkeit seines Bewegungsausdruckes (ich wollte den anderen blamieren – gar nicht fliehen) wird ihm im späteren Gespräch selbst bewußt. Er kann trotzdem keine andere Möglichkeit als Antwort 3 finden, und sieht sich damit resigniert und enttäuscht 'gezwungen', die Zerstörung als Alternative zu seinem mißlungenen Versuch annehmen zu müssen.

Auch die Zeichnerin im Beispiel 40 verdichtet in der Antwort 14 noch einmal ihren Impuls des Schützens und Helfens. Ist es jetzt nicht mehr der kleine Punkt, der noch weiterhin zum Gegenstand der Hilflosigkeit erklärt werden kann, so ist es nun der Gesprächsleiter selber, der sich vermeintlich erst innen, dann außen anklammert, um nicht ausgeschlossen zu werden. Auch hier ist die Zeichnerin nicht in der Lage, auf der Antworttafel Varianten zu ihrer Lösung zu finden. Es bleibt für sie zwischen Schützen (Antw. 14) und Zerstören (Antw. 3 u. 6) kein Ausweg. Sie entscheidet sich im Gegensatz zum Zeichner im vorhergehenden Beispiel gegen die Gewalt, was für sie bedeutet, dem Impuls des Schützens bedingungslos ausgeliefert zu sein.

Nicht so ausweglos erstarrt, aber doch an seine Kampflust „gebannt", bleibt der Zeichner im Beispiel 41, wie wir an der Antwort 14 und der Wahlantwort 7 erkennen. Für ihn ist daher die Zerstörung (Antw. 3) weder schrecklich noch furchtbar, sondern einfach „Blödsinn", weil sie der Lust am weiteren Kampf entgegensteht, die er in diesem Versuch durchgehend erlebt und agiert. Eine Begegnung, die damit spontan eine vertrauensvolle Beziehung zum Gesprächsleiter eröffnete.

Als einen ersten Schritt zur Durchsetzung eigener Impulse erlebt im letzten Beispiel der Zeichner seine Antwort 14. Während er im Gesprächsteil 11/12 noch verlegen und unbestimmt und ohne eigene Initiative reagiert, findet er mit der Antwort 14 jetzt einen Weg, etwas selbst zu machen, um frei zu sein. Einen Weg, den er in der Fremdantwort im Gesprächsteil vorher noch bewunderte, und den er jetzt in der Antwort 5 bestätigt sieht. Das weitere Zusammenkleben als Antwort auf die unverhüllte Einkreisung (Antw. 4) kann er jetzt als furchtbar von sich weisen, obwohl er im Gesprächsteil 11/12 noch ratlos die Anpassung mit Anpassung beantwortete.

h) Gesamtablauf eines Versuches mit Interpretationsprotokoll (Abb. 17)

Wie an dem nachstehenden Beispiel eines Gesamtablaufes zu erkennen ist, sind die einzelnen Aussagen beider Partner in chronologischer Reihenfolge in Abb. 17 von 1 bis 14 beziffert worden. Die Numerierung der einzelnen Zeichen sollte immer in Gemeinsamkeit und mit Hilfe des Gesprächspartners erfolgen, um damit seinen Blick, der bis jetzt primär auf das Detail der Einzelaussage bezogen war, nunmehr auf die Gesamtheit des Zeichenblattes zu lenken. Es ist die Absicht, damit die Bezogenheiten der einzelnen Formen zueinander und zu dem Raum, in dem sie sich bewegen, deutlicher werden zu lassen. Die so erhaltene Reihenfolge der Zahlen dient gleichzeitig auch zur Orientierung für das – ebenfalls nachstehend aufgeführte – Interpretationsprotokoll, in dem die

Aussagen des G.P. den entsprechenden Gesprächsteilen zugeordnet worden sind.

Um die völlige Offenheit der Begegnung zwischen dem G.P. und G. L. auch bei dem Protokollieren der Interpretation zu erhalten, erscheint es uns wichtig, mit dem Partner gemeinsam abzustimmen, welche Formulierung für sein Zeichen im Protokoll aufgenommen werden soll. Im Unterschied zu eigenen Gedanken oder Beobachtungen des G.L. werden die Formulierungen des G.P. in wörtlicher Rede (siehe Beispiel) gekennzeichnet. In der gleichen Weise ist stichwortartig auch mit der Interpretation der positiven und negativen Antwortmöglichkeiten umzugehen.

Während die Numerierung der aufeinanderfolgenden Aussagen unerläßlich ist (auch als Gedächtnisstütze, da der Versuch oft zwei Sitzungen beansprucht), sollte das hier zugeordnete Protokoll keinesfalls eine Bedingung des Versuches selbst sein! Es ist vielmehr ein Vehikel, das überall da angewandt werden sollte, wo eine Dokumentation über das augenblickliche Erleben hinaus wichtig ist.

Eine Wiederholung des Versuches und eine vergleichende Betrachtung der ersten und zweiten Begegnung ist nach unserer Erfahrung oft sehr eindrucksvoll und klärend. Er sollte aber nicht vor Ablauf eines Jahres vorgenommen werden, da der Zeichner bei kürzeren Zeitabständen durch seine eigene optische Erinnerung zu sehr an den Erstversuch fixiert bleibt.

Protokoll

Der Zeichner – 26 Jahre alt – Naturwissenschaftler – hatte die Sprechstunde aufgesucht, weil er sich in seinem Kontaktverhalten gestört fühlte. Am stärksten beunruhigten ihn Schwankungen im Bereich der Aggressivität. Schon bei kleinen unbedeutenden Anlässen konnte er nur schwer sein Gleichgewicht halten und fühlte sich ständig in Gefahr „draufzuhauen".

Gleichzeitig wurden seine Beziehungen zur weiblichen Umwelt zunehmend unverbindlicher und reduzierten sich gegen seinen Willen mehr und mehr auf die Ebene des Funktionellen. Trotz guter beruflicher Erfolge, die ihm sogar besondere Auszeichnungen einbringen, litt er unter der Verarmung seines Lebens – das Sinnlose wird übermächtig – der Zeichner fühlte sich von der Zukunft bedroht.

Im nachstehenden Protokoll finden wir, wie oben beschrieben, die Eintragungen, die von G.P. und G.L. gemeinsam aus ihrem Dialog zu dem jeweiligen Kernsatz zusammengefaßt wurden und dem entsprechenden Gesprächsteil zugeordnet sind.

Im Gesprächsteil 1/2 ist, wie wir sehen, für den Zeichner der erste blaue Strich auf dem leeren Blatt schon ein Aufruf zur Auseinandersetzung mit seinem Selbstbewußtsein: „Das kann ich auch – da ziehe ich nach." In der gezeichneten Antwort aber sehen wir auf dem Papier nicht einen gleichziehenden, blauen, konkurrierenden Strich, sondern ein zartes Gelb, das eher Impulse von Anlehnung vermittelt als daß es die dämpfende Wirkung gegen Vorstellungen von Unfreundlichkeit für den Partner erkennen läßt.

Es demonstriert sich hier eine der dauerhaftesten Grundlagen für Mißverständnisse in der Kommunikation. Der Zeichner, dem es – so müssen wir schließen – nicht selbstverständlich erlaubt ist, einen blauen Strich neben den anderen zu setzen, obwohl er gleichziehen möchte, sieht sich gezwungen, etwas Dämpfendes, Milderndes gegen seinen *ihm* verbotenen Wunsch zu tun. Sein Partner, der aber auf das Zeichen Zartheit – Anlehnung reagiert, muß auf diese Weise zu einer Fehleinschätzung kommen, die sich in dieser Situation als Überforderung für den einen und Enttäuschung für den anderen darstellt.

Im Gesprächsteil 3/4 stimmen Form und Interpretation überein: eine komplementäre Haltung, die bewußt vollzogen wird, – eine Anpassung, die keine Verbote oder Widerstände in sich birgt. Einen Hinweis auf die Richtung, in der sich die Entwicklung vollziehen wird, bekommen wir mit der Frage nach weiteren Möglichkeiten. Die etwas in Abstand bleibende zweite Linie (Abb. 11, Antw. 7, S. 75) wird als auch noch gut bezeichnet, weil sie etwas mehr Raum läßt und doch die Form erhält oder sogar ergänzt.

Sehr eindrucksvoll ist die betont vorsichtige und überlegte Haltung des Zeichners, dem auch für ihn unmißverständlich aggressiven schwarzen Kreis des *Gesprächsteiles 5/6* gegenüber. Schon im Zeichenvorgang selbst entsteht mehr das Bild von beruhigendem Streicheln oder freundlichem In-die-Arme-Nehmen, als daß mit einer Abwehr, einer Verteidigung oder einem Angriff zu rechnen sei. Der Zeichner machte den Eindruck, als stimme er völlig mit seiner Aussage überein. Erst in der späteren Interpretation tauchen zunehmend Zweifel auf, ob die überlegene, wohlwollende Zuwendung auch durchgehalten werden kann. Die gewählte positive Antwort (Abb. 12, Antw. 16, S. 85) bestätigt dann auch, daß ein Schutz gegen den Angriff (roter Kreis) als bessere, brauchbarere Lösung erkannt wird. Dominierend bleibt auch hier das Aggressionsverbot in der Wahl der negativen Lösung (Abb. 12, Antw. 17, S. 85): „In Watte ersticken ist noch aggressiver, weil gemeiner, als offene Zerstörung."

Daß die Auseinandersetzung mit dem schwarzen Kreis noch nicht ganz gelungen war und noch eine mehr erwünschte als mit sich übereinstimmende Reaktion darstellte, wird im *Gesprächsteil 7/8* noch einmal deutlich. „So schnell vergesse ich ja auch nicht", sagt der Zeichner zu der starken blauen Linie, die er über die ganze Seite des Blattes an dem unteren Rand seiner Hälfte zieht. Eine Absicherung, die sehr verständlich wird, wenn Kenntnis besteht, von der Vorerfahrung, die diese Reaktion mitbestimmt hat. Ein Mißverständnis oder ein Störungsherd für *den* Partner, der auf seinen wohlmeinenden Rückzug die totale Absicherung (vgl. Dynamik Linien 7 und 8) erlebt. Die als negativ bezeichnete Antwort (Abb. 13, Antw. 11, S. 96) nimmt voraus, was der Zeichner im anschließenden Gesprächsteil selbst über sich bemerkt: „Ich kann nicht initiativ sein."

Der *Gesprächsteil 9/10* wird für den Zeichner in seiner tragenden Bedeutung erst in der späteren, zusammenfassenden Betrachtung deutlich. Im Augenblick des Zeichnens aber und in der sich anschließenden Interpretation ist er mit dem eigenen Unbehagen beschäftigt, keine deutliche Haltung in diesem Gesprächsteil zu finden. Eine offene Ablehnung dem kleinen Punkt gegenüber kann sich der Zeichner genauso wenig vorstellen, wie er eine hilfreiche Zuwendung für ihn aufbringen könnte. So entsteht eine freudlose Kontaktbereitschaft – spiegelbildliches Verhalten, das den Zeichner über sich selbst enttäuscht, und das er sich als negative Haltung ankreidet.

In der Wahl positiver und negativer Möglichkeiten wiederholt sich dann in der strikten Ablehnung der Antw. 5, Abb. 14, S. 107, noch einmal die beinahe stereotype Abwehr aggressiver Impulse. Eine neue, für ihn aber nachfühlbare Haltung, entdeckt er in Antw. 16, S. 107. Vom Raum her gesehen, der es zunächst erlaubt, jede gefühlsmäßige Auseinandersetzung um Zu- oder Abwendung auszublenden, gibt es eine Annäherung an den kleinen Punkt. „Der Raum bleibt erhalten", ging als Kernsatz aus dem gemeinsamen Gespräch hervor, in dem der Zeichner es als positiv darstellte, daß sowohl für den kleinen Punkt als auch für die umgebenden Punkte untereinander an keiner Stelle Verbindungen (Bindungen) entstanden sind. Das Unverbindliche, das für seine Wahrnehmung im Fremdbeispiel dargestellt werden sollte, war für ihn die hier neu gesehene, bisher einzige Möglichkeit, auf den kleinen Punkt einzugehen.

Mit einem Aufatmen begegnet der Zeichner dann aber doch dem *Gesprächsteil 11/12*. Den kleinen, wiederholenden grünen Punkt empfindet er nicht, wie vom GL gedacht, als eine Anpassung, die in ihrer Zaghaftigkeit ihm den Vortritt lassen möchte, sondern er sieht: „klein zu klein." Diese von ihm wahrgenommene positive „Stimmigkeit" ist ihm nicht nur angenehm, sondern ist für ihn der Grund zu einem großen expansiven Überschwang. Er kann nun voll da sein – wie er sagt – und stellt mit beschwingter Kraft in Farbe und Form die Auseinandersetzung von vorher in den Schatten.

Als dann im *Gesprächsteil 13/14* der GL die Farbe der überschwenglichen positiven Antwort aufnimmt und in die umkreisende Bewegung hineinträgt (die gezielte Aktion des letzten Gesprächsteiles: sowohl Aufnehmen, Auffangen und Weiterführen, als auch Einengen und Bemächtigen), wird das große Fest gefeiert: „Da bin ich mit meinem ganzen Gefieder." Form und Aussage sind identisch für den Zeichner. Es gibt keine bessere Lösung – die aggressiven zerstörenden Tendenzen sind in diesem Augenblick zu einem Teil der Vergangenheit geworden: „Darüber bin ich hinaus" (Antw. 3, Abb. 16, S. 129).

Erst in der *Gesamtbetrachtung* des Begegnungsablaufes kommen dem Zeichner darüber hinaus Bedenken. Es war ihm bis zu diesem Zeitpunkt bewußt, daß es bisher in der Kommunikation sein Hauptanliegen war, Aggressionen zu vermeiden, ohne dabei seine Selbstbehauptung und sein Prestige zu schmälern. Die Vermeidung von Aggressivität wird uns nicht nur aus der Antwort auf den ersten blauen Strich („hellere Farbe soll dämpfen gegen Vorstellungen von Unfreundlichkeit") und aus der Antwort auf den schwarzen Kreis („gefilterte, auch gedämpfte Aggressivität") sichtbar, sondern darüber hinaus in der Wahl der von ihm als negativ bezeichneten Lösungen. Sein Bedenken in der Gesamtschau beginnt damit, daß er die Aussage 6 optisch in ihrer großen, auffangenden Gebärde vergleicht mit dem dürren, ausdruckslosen Rückzug auf die eigene Hälfte als Antwort (10) auf den kleinen Punkt. Er assoziiert spontan eine Begegnung mit einer Partnerin, der er, wenn sie wütet und schimpft, lächelnd den Arm um die Schulter legt, um sich aber dann, wenn sie sich klein und hilflos – für ihn schon sowieso eher mickrig – zeigt, ohne eigenen Appell (spiegelbildliches Verhalten) in seine Hälfte zurückzuziehen. Es wird ihm deutlich, daß die hier von ihm geweckten Erwartungen, die er selbst schon als etwas hypertroph bezeichnete, durch seine Reaktion auf den kleinen Punkt zu einem Schreck, einem Unverständnis oder einer Enttäuschung bei dem Partner führen müssen. Bedauernd sagt er: „Die gehen da ganz schön baden."

„Was ich aber noch schlimmer finde", so sagt der Zeichner bei der Betrachtung des weiteren Ablaufes, „ist, daß ich den gleichen Fehler zweimal mache. Kaum ist die Welt wieder in Ordnung, „klein zu klein" (was für ihn wohl mehr heißt, „gleich zu gleich" [10/11], so kommt gleich wieder ein Riesenangebot von mir. Diesmal habe ich hier Glück gehabt, Sie sind mir entgegengekommen und es hat alles geklappt." (13/14)

Daß die vollkommene Umkreisung auch eine Einengung sein kann, wird in diesem Augenblick noch nicht in den Bereich der Möglichkeiten eingeschlossen. Für den Zeichner wird vielmehr zuerst der aktuelle Konflikt, daß er sich nach entspannten, tragenden Kontakten sehnt und sie nicht verwirklichen kann, auf dem Blatt sichtbar. Er erlebt in den Formen seinen unstimmigen Rapport auf fordernd-aggressive Impulse des Partners, in seinem großen, tragenden Entgegenkommen, und seinen Rückzug, wenn Kleinheit, Hilflosigkeit, Bescheidenheit an ihn herangetragen werden.

Es muß an dieser Stelle nicht hinzugefügt werden, daß weitere sich anbietende Fragen: warum kam es zu stereotypen Ablehnungen der Aggressivität in der Wahl der Fremdantworten – womit kompensiert der Zeichner die drohende Tendenz zur Unterwerfung – was steht dahinter, daß Kleinsein eher mickrig als hilflos ist, u. a. m., von dem Therapeuten nur in dem Maße angesprochen werden können, in dem der Zeichner dazu in der Lage und bereit ist.

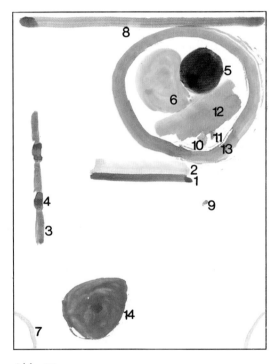

Abb. 17

Gesp. Teil	Interpretationen des G. P. zu Abb. 17 (Name)	Positive Lösung	Negative Lösung
1/2	"Das kann ich auch – da ziehe ich gleich" "Akt des Selbstbewußtseins" – Distanz – "Hellere Farbe soll dämpfen – gegen Vorstellungen von Unfreundlichkeit"		*⁄⁄⁄* unerlaubt
3/4	"Was Neues! – Unterbrechung fiel mir auf" "Verhältst dich komplementär zur Formeinheit" Rot sagt: "das geschieht bewußt"	‖‖ auch noch gut	| bringt nichts
5/6	"Gefilterte Aggressivität – auch gedämpfte Aggressivität" "Wolln mal sehen, was noch kommt." "Mehr auffangend als antwortend..." (lächelnd) "etwas hypertrophisch"	⊙ nicht darauf gekommen	in Watte ersticken – gemein!
7/8	"Sie zieht sich zurück. Ich auch. – Bleibe aber deutlich present, darum starke Farbe." – – "So schnell vergesse ich 5 ja auch nicht!" Linie bedeutet auch noch Absicherung auf 5		hypertrophisch
9/10	"Jetzt kommt Sie wieder an! Aber schon etwas mickrig." "Ich zeige Kontaktbereitschaft" "Mir fällt auf, meine Tendenz zu spiegelbildlichem Verhalten. – Kann nicht initiativ sein" Wunsch nach Hilfe oder Schutz wird nicht empfunden	Raum bleibt	so was geht nicht
11/12	"Angenehm, weil die Beziehung wieder stimmig war – klein zu klein." "Dann bin ich voll da! Kann expansiv werden."	noch ⊛ möglich	⊙ schlecht
13/14	Umkreisen als angenehm empfunden. Wollte sagen: "Da bin ich mit meinem ganzen Gefieder"		darüber hinaus

Bem.: Antworten 6, 10, 12, werden als problematisch bezeichnet – Mißverständnisse in der Kommunikation werden von daher sichtbar.

III. Symbolzeichnen Ich – Du – Wir

Die dritte und letzte Stufe zum „Ausdruck finden" und „Sehen lernen" besteht in der Aufforderung an den Zeichner, er möge auf je einem Din A4 Zeichenblatt – nach Möglichkeit mit Wasserfarben – malerisch ausdrücken, was ihm zu den Themen Ich – Du – Wir einfällt.

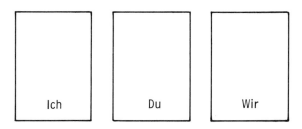

Im Unterschied zu den vorhergehenden beiden Versuchen, haben wir hier die Forderung aufgehoben, daß die Aussagen jede gegenständliche Form vermeiden sollten, und überlassen dem Zeichner betont die völlig uneingeschränkte Wahl der Möglichkeiten für seinen zeichnerischen und malerischen Ausdruck.

Die Aufforderung an den Zeichner, nun (nach den Vorerfahrungen der beiden anderen Versuche) zu den Themen Ich – Du – Wir Stellung zu nehmen, geschah aus zwei grundliegenden Bedürfnissen:

Im zeichnerischen Bereich war es der Wunsch nach einer Erweiterung der Ausdrucksmöglichkeiten durch die Hinwendung und Hinführung zum Symbol. Es sollte damit der Übergang zum „Malen aus dem Unbewußten" überhaupt eröffnet werden, der es dem Zeichner leichter möglich macht, eine Stimmung, ein Gefühl, einen Traum malerisch in die Welt zu setzen.

Das zweite Bedürfnis der Themenwahl Ich – Du – Wir lag in dem Wunsch nach weiterführender Selbsterfahrung im zeichnerischen Bereich. Hatte sich der Zeichner im Reizwortversuch mit der eigenen inneren Bewegung (Ebene Ich) auseinanderzusetzen und im Kontaktzeichenversuch mit dem Partner (Ebene Du) zu konfrontieren, so sollte die Selbsterfahrung jetzt in der Ebene des „Wir" fortgesetzt werden.

Wenige anfängliche Versuche, das Thema „Wir" isoliert von dem Zeichner darstellen zu lassen, belehrte uns durch die Antworten sehr schnell von der kausalen, untrennbaren Verflochtenheit und Zusammengehörigkeit von Wir zu Du und Ich.

Erlebt und dargestellt wurde das Wir als:

Du und Ich = Wir

viele Du und Ich = Wir

viele einzelne Ich = Wir

Die so erfahrene Differenzierung brachte uns sehr schnell zu der erweiterten Themenstellung Ich – Du – Wir, die uns von dem Zeichner ein großes Spektrum weiterer Beobachtung, Mitteilung, Erfahrung ermöglichte.

Jeder der drei Versuche ist aus dem Zusammenhang herausgenommen auch einzeln für sich verwendbar. Für Kinder ab ca. 10 Jahren und für Jugendliche erscheint uns das Symbolzeichnen in besonderem Maße geeignet, während wir das Reizwort- und das Kontaktzeichnen frühestens ab 13/14 Jahren anwenden.

In der Gruppenarbeit mit Patienten und in Selbsterfahrungsgruppen für Studierende haben wir den hier aufgezeigten, stufenweisen Aufbau in etwa 15 Sitzungen eingehalten. Aber auch hier sind vielfache Variationen der Versuche möglich. Man kann zum Beispiel ein einzelnes Reizwort oder einen Gesprächsteil des Kontaktzeichenversuches als gemeinsames Thema für *eine* Gruppensitzung verwenden.

Zu den Beispielen

Außer der schon erwähnten einleitenden Aufforderung an den Zeichner, er möge malerisch darstellen, was ihm zu den Themen Ich – Du – Wir einfallen würde, sollte ergänzend hinzugefügt werden, daß er am besten mit *dem* Thema beginne, zu dem er den leichtesten Zugang habe oder das er am einfachsten darstellen könne.

Schon hier, in der ermöglichten freien Reihenfolge der Zeichnungen, finden wir die ersten Aussagen der Zeichner, die im weiteren Vergleich mit den malerischen Aussagen – Dynamik – Raum – Form – Inhalt noch an Bedeutung gewinnen. In extrem gestörten Lebensbezügen erhalten wir – der Vereinzelung des Zeichners entsprechend – oft nur noch eine Antwort zu dem Thema „Ich", während die Themen „Du" und „Wir" nicht mehr beantwortet werden können (Beispiel 1).

Aber auch bei der scheinbar selbstverständlich und problemlos gegebenen Antwort zu dem Thema „Du" ist immer noch sehr genau hinzusehen und zu erfragen, ob hier das erlebte „Du" dargestellt wurde oder ob das eigene abgelehnte oder verdrängte „Ich" sich in der Maske des „Du" präsentiert. Auch in umgekehrter Weise finden wir in der „Du"–Darstellung die eigentliche Auseinandersetzung mit dem „Ich", indem das ersehnte, aber nicht erlaubte Ich-Ideal auf das „Du" verschoben und nur dort für die Gestaltung frei werden kann.

Bei der Darstellung des Themas „Wir" (das, wie oben berichtet, kaum isoliert gewählt wird) erfahren wir noch einmal eine differenzierende Auseinandersetzung mit dem „Ich" und „Du".

Wie sieht das „Wir" aus, das aus dem „Ich" und dem „Du" zweier Partner besteht? Wie das „Wir", das aus dem „Du" und „Ich" eines infantilen Anlehnungswunsches an Schutz und Autorität – oder das „Wir" in der sozialen Ebene der Gruppe, der Verbindung vieler einzelner zusammengesetzt ist?

In den abschließenden Beispielen wollen wir versuchen, dazu Antworten auf einige Fragen deutlich werden zu lassen, die, wie wir hoffen, zur Weiterarbeit anregen.

1. Beispiel: Unfähigkeit zur Du- und Wir-Darstellung (Abb. 18)

Der Zeichner ist ein 33 Jahre alter Ordenspriester, der wegen schwerer Schwindelzustände und regelmäßig beim Chorgesang auftretender Ohnmachten zur therapeutischen Behandlung überwiesen wurde.

Auf die Bitte, zu den Themen Ich – Du – Wir – spontane Zeichenaussagen zu machen, wird von dem Zeichner nur das Thema Ich beantwortet (Abb. 18). Er erklärt, daß sich ihm zu Du und Wir alle bildlichen Vorstellungen entziehen und sich auch keine Assoziationen dazu einstellen.

Abb. 18

Das Ich soll den Zeichner darstellen, wie er auf der Weltkugel steht, und das Auge Gottes über ihn wacht. Für ihn ist es am wichtigsten, die Einsamkeit aufzuzeigen, die er auf dieser Erde empfinde, und daß er außer dem Schutze Gottes nichts auf dieser Welt besitze. Eine Interpretation, die nachfühlen läßt, daß der Zeichner zu den Themen Du und Wir keine Aussagen machen kann.

Noch während des anschließenden weiteren Gespräches fällt dem Zeichner spontan die „falsche" Größe des dargestellten Ich auf, und er folgert lächelnd, daß von der gleichen Größe nicht mehr viel andere Platz hätten.

2. Beispiel: Bettnässen (Abb. 19–21)

Der Zeichner ist ein 14 jähriger Oberschüler, einziger Sohn eines bevollmächtigten Großkaufmannes. Die Eltern sind seit drei Jahren geschieden. Die Mutter lebt aus gesundheitlichen Gründen allein in der Familie ihrer Schwester. Der Vater hat kurz nach der Scheidung wieder geheiratet. Seit dieser Zeit lebt der Junge in einem Privatschulinternat, aus dem er jetzt trotz guter Schulleistungen wegen zunehmenden Bettnässens entlassen werden soll.

Das „Ich" ist das Konzerngebäude des Vaters. Der Zeichner möchte ein Zimmer in dem roten hohen Turm haben.

Die Darstellung des „Du" zeigt das Auto des Vaters. Der Zeichner betont, daß der zweite Platz leer ist (und leer bleiben sollte).

Zu „Wir" sagt der Zeichner: „Das sind Sie und ich. Sie passen auf mich auf, wenn ich schlafe."

Die zweifache Ich-Darstellung – die hier wieder in ihrem Inhalt deutlich durch die malerische Aussage verdichtet wird – konnte dem Zeichner in diesem Augenblick noch nicht aufgezeigt werden. Sie blieb aber ein wertvoller therapeutischer Hinweis, die Identifikation mit dem übermächtigen Vater aufzulösen (Ich und Du) und seinen Wunsch nach Anlehnung und Geborgenheit zuzulassen und zu bearbeiten (Wir).

Abb. 19

Abb. 20

Abb. 21

3. Beispiel: Asthma bronchiale (Abb. 22–24)

Die Zeichnerin ist eine 26 Jahre alte Journalistin – einzige Tochter einer gut-bürgerlichen Familie. Sie lebt in sehr enger und ausschließlicher Bindung mit den Eltern, mit besonderer Abhängigkeit von der Mutter.

Seit dem 6./7. Lebensjahr leidet sie an Asthma, nach vorangehender langjähriger Bronchitis. Im ersten Lebensjahr hatte sie schweren Milchschorf.

Mit der Darstellung „Ich" stimmt die Patientin sehr positiv überein. „Im Hintergrund könnten noch gefährliche Felsenriffe sein, die das Segelboot rasant und schnittig durchfährt." Ebenso „rasant und schnittig" verhielt sie sich in ihrem Beruf.

Das „Du" wird erlebt als die schützende, liebevolle Mutter, die fest auf dem Boden steht.

Im „Wir" sieht sich die Zeichnerin geborgen und getragen in dem mütterlichen Baumwerk. Erst in dem vom Therapeuten angeregten Vergleich der beiden Ich-Darstellungen sieht und erlebt die Zeichnerin beinahe schreckhaft die extremen Aussagen über ihr Ich, die später ein zentrales Thema ihrer Analyse werden.

4. Beispiel: Stehlen – Streunen – Suizid (Abb. 25–27)

Der Zeichner ist ein 17 1/2 Jahre alter Kaufmannslehrling.

Das Unkonturierte seiner Formaussagen im Reizwortversuch (S. 51) setzt sich hier in den inhaltlichen Aussagen zu den Themen Ich – Du – Wir als deutlicher Realitätsverlust fort.

Zu dem Thema „Ich" sagt der Zeichner ohne jede Einschränkung: das ist eine Frau. Die Rückfrage, ob die Zeichnung wohl sein eigenes Ich darstellen würde, bejaht der Zeichner trotzdem mit unbefangener Selbstverständlichkeit. Selbst als er am Ende der Sitzung gebeten wird, Titel unter seine Darstellungen zu schreiben, taucht für ihn kein Konflikt auf, sein Ich mit Frau zu bezeichnen.

Das „Du" ist die Dollarprinzessin – das reiche Mädchen, das er sicher einmal heiraten wird.

Die Darstellungen zu „Wir" sind für den von Strafen verfolgten, tief isolierten jungen Mann ohne ironischen Abstand gezeichnet: zwei Komiker.

Abb. 22

Abb. 23   Abb. 24

Abb. 25   147